Camino
al
Cielo

Una Guía Práctica
Para el Hombre Católico

Camino al Cielo

Una Guía Práctica
Para el Hombre Católico

RANDY HAIN

Prólogo de Patrick Madrid

Steubenville, Ohio
www.emmausroad.org

Emmaus Road Publishing
1468 Parkview Circle
Steubenville, Ohio 43952

© 2016 por Randy Hain
Todos los derechos reservados. Publicado en el año 2016
Impreso en los Estados Unidos de América
19 18 17 16 15 14 1 2 3 4 5 6

Número de Control de la Biblioteca del Congreso: 2016940743
ISBN: 978-1-941447-56-7

Salvo que se indique lo contrario, las citas de las Sagradas Escrituras están tomadas de la Versión Revisada Estándar Segunda Edición Católica (Edición Ignatius) Registrado © 2006 por la División de Educación Cristiana del Consejo Nacional de las Iglesias de Cristo en los Estados Unidos de América. Usada con permiso del autor. Todos los derechos reservados.

Los extractos del Catecismo de la Iglesia Católica de la presente edición han sido traducidos de la edición en inglés del *Catecismo de la Iglesia Católica* para uso en la región eclesial que comprende las diócesis de los Estados Unidos de América, derechos reservados © 1994, United States Catholic Conference, Inc.— Librería Editrice Vaticana. Dichos extractos son designados con las siglas "CCC" en el texto.

Diseño y composición del texto por Julie Davis, General Glyphics, Dallas, Texas, EE.UU.
Diseño y composición de cubierta: Theresa Westling
Imagen de la cubierta: Monica Lahr, de Monica Lynn Photography

RESEÑAS LITERARIAS DE 'CAMINO AL CIELO: UNA GUÍA PRÁCTICA PARA EL HOMBRE CATÓLICO'.

En este libro, Randy Hain, va directo al corazón del significado y de la esencia de la hombría, y como nosotros, los hombres, podemos encontrar nuestro camino en una cultura que, a menudo, no valora las virtudes masculinas. Con nuestros ojos puestos en el cielo, todas las prioridades en la vida se acomodan naturalmente en su lugar correcto.

— Brian Caulfield —
Editor de *Fathers for Good*, de la confraternidad católica
de los Caballeros de Colón

Nosotros tenemos dos opciones: O nos volvemos santos o nos condenamos al infierno. No existe tercera opción. Un santo es, por definición, aquella persona que logra llegar al cielo. Randy Hain da una guía sumamente práctica a los hombres católicos, a fin de ayudarlos en esta búsqueda del cielo. ¡Yo aliento a los hombres a que lean este libro y de esta manera obtengan una invaluable ayuda en su caminar diario con Cristo!

— Padre Larry Richards —
Fundador y Presidente de la fundación norteamericana
The Reason for our Hope

Camino al Cielo es un libro que yo estoy encantada de compartir con mis hijos varones, que ahora son jóvenes adultos. El autor, Randy Hain, hace un trabajo sensacional al proporcionarnos una guía práctica, espiritualmente sustentada, y tremendamente cautivante para los hombres de todas las edades quienes desean llevar una vida completamente dedicada a seguir la voluntad de Dios. Usted aprenderá de las conversaciones con un amplio segmento de líderes católicos contenidas en este libro, a la vez que se dejará guiar por ellas. El segmento dedicado a la reflexión y a la meditación contenido en esta obra hace que la misma sea la opción óptima para llevar a cabo estudios grupales o individuales.

— Lisa M. Hendey —
Fundadora de CatholicMom.com y autora reconocida

El Sr. Randy Hain ha producido, para los hombres cristianos y católicos, aquello que el título de su obra propone; una guía certera para llegar al cielo. Dicha obra es absolutamente exhaustiva, al punto de ser enciclopédica en el tratamiento de sus sugerencias y ejercicios espirituales para que un hombre pueda vivir más profundamente su fe, para su propio beneficio espiritual, así como para ejercer su liderazgo cristiano como la cabeza y líder espiritual de su familia.

— Excmo. Robert F. Vasa —
Obispo de Santa Rosa, California, EEUU

Randy Hain les ha dado a los hombres un comentario claro y conciso sobre los aspectos más importantes de nuestras vidas masculinas, y nuestro último objetivo en conformar dichas vidas a Cristo. Con su estilo característicamente franco y directo el autor arma un convincente caso sobre la necesidad que tienen los hombres de vivir vidas decididamente, pragmáticamente e intencionalmente masculinas que estén dirigidas tanto a Dios como a todos aquellos que nos rodean. El mandamiento más grande de nuestro Señor se expresa y se refleja con fuerza en cada uno de los capítulos de este maravilloso libro, mientras que las preguntas incisivas y perspicaces de esta obra invitan a los hombres a meditar profundamente en este mensaje. Yo recomiendo la lectura de este libro a todos los hombres, no sólo para profundizar su lectura, sino para incentivarlos a la acción.

— Dan Spencer —
Director Ejecutivo de la organización norteamericana
National Fellowship of Catholic Men

A los hombres a menudo se los acusa de desdeñar las instrucciones y los mapas de ruta. Pero el último y cautivante libro de Randy Hain empodera a los hombres para tomar las riendas de su destino como líderes espirituales, proveedores y protectores. La pasión de Hain para guiar a los hombres de todas las edades se refleja en cada página de su libro, a medida que él los guía de tal manera que puedan sortear los ídolos falsos de la cultura, mientras que les señala, muy claramente, y sin ambigüedad alguna, el camino correcto al cielo. Sin importar donde te encuentres en este peregrinaje terrenal, este libro te puede proporcionar los recursos católicos necesarios, los incentivos, el sacudón y el aliento necesario que necesitas para seguir el camino trazado.

— Donna-Marie Cooper O'Boyle —
Presentadora de la cadena televisiva católica EWTN
y autora católica reconocida

Es esencial para cualquier peregrino saber su destino y cuál es la mejor ruta para llegar buen puerto. Obviamente, la máxima expresión del sanctasanctórum que añora cualquier persona está en el cielo, pero el mundo moderno no le hace fácil al hombre seguir el "camino estrecho" al paraíso. En este sentido, la obra de Randy Hain le proporciona, al hombre católico contemporáneo, un magnífico recurso para sortear los retos y obstáculos que nuestra cultura nos presenta. Este libro ofrece, a los hombres católicos, una guía y consejos muy sinceros y concretos de cómo integrar la fe, la vida familiar y el trabajo. Randy Hain ha logrado, por este medio, de alguna manera entretejer la sabiduría de la Iglesia católica con las ideas y conceptos prácticos de los líderes de opinión católicos, los cuales nos alumbran el camino al cielo con su perspicacia e intuición. Ningún hombre católico que seriamente desee la santidad debe salir de casa sin esta guía de ruta.

— Excmo. Samuel J. Aquila —
Arzobispo de Denver, Colorado, EEUU

Cautivante, lleno de inspiración, sentido común y sabiduría, la obra *Camino al Cielo* debería ser designada como lectura obligatoria para todos los padres de familia, esposos, hermanos e hijos varones católicos. Esta obra tiene el potencial de comenzar un debate muy necesario sobre el tema, prender el motor de la imaginación—y, probablemente, guiar a más de un puñado de hombres desde el árido desierto espiritual a las profundidades de una refrescante vida de oración. Prepárese a ser retado—y a que toda su vida cambie. Con esta obra, Randy Hain nos ha legado, a todos, un gran regalo.

— Greg Kandra —
Diácono de la Diócesis de Brooklyn, Nueva York, EE.UU., reportero de medios veterano, editor multimedia de la Asociación Católica de Beneficencia del Cercano Oriente (CNEWA por sus siglas en ingles), y ex productor y guionista de noticias de la cadena norteamericana CBS

Randy Hain no se echa para atrás, ni se acompleja. *Camino al Cielo* es, a la vez, una llamada de atención y una guía de ruta valiente, clara como el agua, y sincera para que nosotros los hombres católicos dejemos de ser tan sosos, vacilantes, sumisos y medias tintas, y para que, de una vez por todas, tengamos el coraje y la hombría de aceptar el reto que Dios nos ha dado de encaminarnos y encaminar a toda nuestra familia hacia el cielo.

— Greg Willits —
Director de Evangelización y del Ministerio de Vida Familiar de la Arquidiócesis de Denver, EE.UU., bloguero, autor e internauta productor de podcasts católicos

Si todo lo que usted hace es leer el capítulo dedicado a San José en el libro de Randy Hain, usted terminara siendo un mejor hombre. Pero anímese a leer el resto del libro, porque eso lo llevara a ser aún mejor. Le garantizo que su familia se beneficiara de la diferencia que este libro marque en su vida.

— Mike Aquilina —
Vice-Presidente Ejecutivo del Centro San Pablo de Teología Bíblica y autor católico reconocido

Primero, déjenme comenzar esta reseña con un ¡gracias de corazón! ¡Qué libro más maravilloso! En verdad, nada menos que la mano de Dios fue la que intervino justo cuando yo necesitaba un buen libro para leer durante la cuaresma. Y, en dicha lectura, me impresionó sobremanera la profundidad de la espiritualidad y fe católica de este autor, especialmente considerando el hecho de que se trata de un converso que apenas fue recibido en la Iglesia ¡hace menos de una década! Este libro es lectura obligada para TODOS los hombres católicos; los católicos de nacimiento, para los conversos católicos y los catecúmenos que están por ser recibidos por la Iglesia. Este es un fuerte y vigoroso recordatorio de que la virilidad y la masculinidad nos son algo que debe ser condenado, ni rechazado, ni tomado a la ligera. Sino que, es algo que debe ser asumido, ensalzado y ejemplificado.

— Doug Berry —
Fundador y Director de RADIX, Artista y Co-Presentador del programa televisivo "Life on the Rock" de la cadena televisiva católica EWTN

De una manera muy similar a sus otras obras, *Camino al Cielo* mantiene el estilo literario de Randy Hain. Un estilo informal y casual, que ha pulido y perfeccionado a lo largo de los años y a través de sus variadas charlas y escritos. En este último trabajo literario del autor, que se enfoca en una llamada a los hombres de esta generación a volver a ser los padres de familia y retomar el liderazgo doméstico, nos describe vívidamente cómo es que aceptar el reto de asumir completamente nuestra fe e identidad católica puede cambiar radicalmente la dinámica de nuestras vidas, y la de nuestras familias. Al compartir las experiencias y el conocimiento adquirido mediante su contacto con tantos hombres católicos a lo largo de su carrera profesional, este nuevo libro nos muestra la belleza y esplendor de una vida católica vivida en plenitud como parte activa de la Iglesia, y nos ofrece a todos los hombres la oportunidad de ser sólidos como el hierro, el uno para el otro, a fin de que todos nosotros nos apoyemos entre todos, y así nos ayudemos a enfrentar el gran reto de ser católicos dinámicamente comprometidos con la fe y con la Iglesia.

— Padre Kyle Schnippel —
Director de Vocaciones para la Arquidiócesis de Cincinnati, Ohio, EE.UU

Todos nosotros queremos ser mejores hombres. Pero al momento de enfrentar las miles de demandas diarias y retos inherentes a nuestro rol como líderes familiares, padres de familia, y esposos, resulta difícil enfocarse en lo que podemos hacer para mejorar. Es por esto que resulta fácil desanimarnos ante la multiplicación de nuestros deberes cotidianos. El último, excelente y poderoso libro de Randy Hain, *Camino al Cielo,* no sólo nos anima y alienta en este sentido, sino que, además, nos llena de conocimiento, esperanza, a la vez que nos señala el plan que Cristo prepara, para cada uno de nosotros, día a día. Por medio de ejemplos extraídos de las Sagradas Escrituras, así como de la vida de los santos y nutrida de la experiencia personal del autor, Randy Hain ofrece al hombre católico moderno la fortaleza, la guía correcta, y la solidaridad masculina necesarias para este nuestro peregrinaje al cielo. En su libro, *Camino al Cielo,* podremos ver cómo la vocación personal de cada uno, que Dios otorga a cada uno de sus hijos, toma vida y cómo, al volverse una realidad encarnada, algo asombroso sucede. Mediante la lectura de éste libro, y a medida que uno busca en él las soluciones que esta obra le otorga para aumentar su grado de santidad, y de manejar mejor su propia vida, uno llega al convencimiento de que la lucha por la vida ES la misión y él propósito mismo de la vida. El amor de Dios por nosotros se manifiesta a través de las cargas diarias de nuestras vidas. En nuestro llamado personal a la santidad, es a través del cuidado de nuestras esposas, hijos, empleados, dependientes, colegas, y amigos, que ¡encontramos a Dios! ¡SUS cargas se convierten, así, en SU bendición!

— Joe O'Farrell —
Vice Presidente de Desarrollo de Misiones de la cadena televisiva EWTN Global Catholic Network

Camino al Cielo: Una Guía Práctica para el Hombre Católico: constituye una poderosa y muy práctica guía para aquel hombre que reconoce que él ha sido llamado para algo más que los vacíos y superficiales propósitos y despropósitos de nuestra cultura. Si usted está buscando soluciones a la interrogante de cómo uno puede ser el hombre que Dios lo ha llamado a ser, usted no puede haber encontrado un mejor recurso que este libro.

— Dan Burke —
Autor de *Navegando la Vida Interior*, Director Ejecutivo del diario católico norteamericano *National Catholic Register*, y Presidente del Instituto Ávila para Formación Espiritual

El Beato Cardenal John Henry Newman escribió que: "Dios me ha creado para servirle de un modo muy concreto...Yo formo parte de una gran obra; yo soy un eslabón en una cadena, un vínculo de conexión entre las personas". Esta afirmación es válida para cada uno de nosotros. En su libro, *Camino al Cielo*, Randy Hain nos ofrece lecciones sumamente prácticas, así como el aliento necesario para ayudar al hombre católico a descubrir una profunda vida espiritual y así vivir sus vocaciones de una manera responsable y fructífera, en su calidad de esposos y padres.

— Mike Bickerstaff —
Diácono de la Arquidiócesis de Atlanta, Georgia, EE.UU., y Editor en Jefe de la publicación católica norteamericana *The Integrated Catholic Life*

En *Camino al Cielo*, Randy Hain ha logrado canalizar algunas de las mejores y más brillantes conversaciones acerca de lo que significa ser un hombre. Sin embargo, este libro no es únicamente para hombres, al contrario, debería ser lectura obligada para todas las esposas, hermanas y madres, y un tema de debate para absolutamente todos. Gracias Randy Hain por abrir tu corazón y desnudar tu alma, y por compartir con nosotros las cosas que yo quiero que los hombres en mi vida asuman e incorporen a su diario vivir.

— Sarah Reinhard —
Bloguera de SnoringScholar.com y escritora

Un libro oportuno e incluso, me atrevería a decir, necesario ahora que estamos intentando descifrar como guiar a nuestros hijos hacia el futuro y como darles un modelo a seguir respecto a lo que verdaderamente significa ser un hombre, un esposo, y un padre católico fiel y comprometido con la Iglesia.

— Marcus Grodi —
Fundador y Presidente del ministerio católico norteamericano e internacionalmente reconocido, Coming Home Network International

PARA ALEX Y RYAN

TABLE OF CONTENTS

Prólogo de Patrick Madrid *1*

Agradecimientos *5*

Introducción *9*

PARTE I: LA FE

1. ¿Cuáles Son los Obstáculos Entre Nosotros y Cristo? *15*
2. ¡Entrégate! *31*
3. Suéltalo *49*
4. Ser Un Hombre de Oración *67*
5. ¿Por Qué Seguimos Una Brújula Mundana? *83*
6. Apoyarnos en Nuestros Hermanos en Cristo *99*

PARTE II: LA FAMILIA

7. Sobre el Matrimonio, el Liderazgo, y el Honrar a Nuestras Esposas *113*
8. Papás, ¿Estamos Actuando Correctamente? *129*

9. San José es el Modelo *139*

10. De los Padres Enseñando a sus Hijos *153*

11. La familia virtual *167*

PART III: EL TRABAJO Y LA PLAZA PÚBLICA

12. La Diferencia que una Hora Puede Hacer *181*

13. ¿Estamos Trabajando para la Gloria de Dios o Para la Nuestra? *189*

14. Integrando La Fe y el Trabajo *203*

15. ¿Qué es lo Verdaderamente Importante? *215*

16. Verdaderos Rebeldes Católicos *241*

Conclusión *259*

APÉNDICES

1. Cómo la Pornografía Destruye Vidas *266*
Entrevista con Patrick Trueman,
Presidente de la organización Morality in Media
[Moralidad en los Medios]

2. ¿Has side llamado? *273*
Entrevista con el Padre Kyle Schnippel,
Director de Vocaciones de la Arquidiócesis de Cincinnati

3. Recursos Útiles para el Hombre Católico *282*

PRÓLOGO

Considera el antiguo refrán:

> Siembra un pensamiento, cosecha una acción.
> Siembra una acción, cosecha un hábito.
> Siembra un hábito, cosecha un carácter.
> Siembra un carácter, cosecha un destino.

Cada momento de cada hora de cada día, ya sea que te hayas dado cuenta o no, si es que *tienes la intención* o no, estás creando hábitos que moldean el carácter, los cuales eventualmente determinarán si pasarás la eternidad en el cielo o en el infierno. Cuando esta vida terrenal termine y pases de lo temporal a la eternidad, será muy tarde para cambiar de parecer y, por tanto, cambiar tu destino.

Ahora es el momento de tomar esa decisión. Esta vida es análoga al cemento recién vertido que sigue mojado y maleable; tú aún tienes tiempo de deshacerte de malos hábitos, para adquirir buenos hábitos, y por la gracia de Dios, moldear tu carácter para el bien, ordenar tu amor y vida hacia Dios y las cosas de Dios.

Una vez que esta vida termine – una ocasión que llega de repente y sin previo aviso para muchas personas – esa oportunidad te habrá pasado por encima. Tan pronto que el cemento se ha endurecido y fijado, no se lo puede moldear ni formar.

Es cien por ciento en tu mejor interés actuar *ahora*. Tú no puedes perder, si lo haces. Dios te ayudará con todo lo que necesites para completar esta misión.

Toma la medida de tu situación. Si te estás regodeando en pecado crónico, arrepiéntete y aléjate de cualquier cosa que sepas que es incompatible con tus creencias cristianas y te aleja de Dios quien te ama. Si eres tibio, entonces ¡ponte las pilas! Jesús nos previene en Apocalipsis 3, 16 que es lo que pasará con aquellos que viven en la mediocridad sensiblera y no son ni calientes ni fríos. Si sabes que estás bien encaminado y sabes que estás progresando, pero todavía ves áreas en tu vida que son débiles, que están tambaleando, y no están debidamente configuradas, entonces toma acciones ahora mismo para corregir esos problemas. El Señor está esperando ayudarte con su gracia. Así que pídele que lo haga.

Hebreos 9, 27 nos recuerda, *[Está] decretado que un hombre muera una vez, y luego viene el juicio*. Y en 2 Corintios 6, 2 San Pablo dice, *Miren, ahora es el momento favorable; miren, ahora es el día de la salvación*.

No lo pospongas.

Si el cielo es el lugar donde quieres pasar la eternidad, entonces debes actuar ahora, en forma decisiva, optando por pasar el resto de tu vida esforzándote para lograr esa meta de suma importancia que Jesús describe como amar a Dios de todo corazón, con toda tu mente y fuerza. Pero, ¿cómo hacerlo? Sobre todo, ¿cómo hacerlo en medio de las demandas frenéticas, agendas ajetreadas, e interrupciones ubicuas con los que el mundo moderno nos rodea?

Tú sabes demasiado bien cuánto te distrae la atención y lo desconcertante, desorientador que puede ser la vida cotidiana. El mundo dice, "Hay una *app* para eso." Bueno, Jesús dice, "Hay una gracia para eso." Y no sólo "gracia" con un sentido abstracto, nebuloso, pero una gracia real, intensa, que penetra cualquier armadura, que te llega dentro de y a través de los sacramentos de la Iglesia que Él estableció, especialmente la Sagrada Eucaristía y la Confesión, así como también la Santa Biblia, la oración, y las obras de caridad hechas bajo la gracia, lo que San Pablo describe como "la fe trabajando a través de la caridad" (Gálatas 5, 6). Éstas son las *apps* segurísimas, divinamente instituidos para la vida Cristiana. Así que ¡úsalas!

Dios sabe exactamente lo que necesitas como persona, no solamente para lidiar con las preocupaciones sino para sobrellevarlas, conquistarlas, y empezar a desarrollarte como un hombre cristiano, que ha decidido a toda costa a poner la verdad y la bondad, la belleza y la integridad primero, antes que nada.

Los hombres son fisiológica, mental y emocionalmente externos y en proyección. Es por eso que nos gustan los deportes de contacto. Nosotros instintivamente buscamos actuar sobre las cosas. Colisiones, construir, arreglar, defender y luchar con el mundo alrededor nuestro son todos ellos aspectos naturales y legítimos de nuestra masculinidad diseñada por Dios. El Señor quiere que nosotros vivamos nuestra masculinidad en su plenitud, cada uno a su modo y de acuerdo a los talentos específicos, temperamento, y circunstancias que Él nos ha dado.

Las mujeres son fisiológica y emocionalmente internas y receptivas. Ellas nos complementan, civilizan, y completan a los hombres (¡gracias a Dios!) con su maravilloso don femenino para recibir, recolectar y nutrir.

Para llegar a una madurez espiritual y emocional, nosotros los hombres necesitamos algo fuera de nosotros mismos para mostrarnos que hemos aprobado el examen por el que nos convertimos en hombres verdaderos. Fundamentalmente, necesitamos la afirmación de que nuestras acciones son valoradas e importantes, que nosotros en realidad estamos cumpliendo con la misión que hemos emprendido.

En el bautismo de Jesús, la voz de Dios Padre resonó desde los cielos declarando: *Este es mi amado Hijo en el cual encuentro mi complacencia.* Los muchachos necesitan oír esto de sus padres, los esposos necesitan oír el equivalente de sus esposas. Pero más que nada los hombres necesitan oír este mensaje de Dios. Y la única manera en que esto va a suceder es "dándole la espalda a las cosas infantiles" y convertirte en el hombre que Dios te está llamando ser.

Este libro presenta muchas grandes verdades, recordatorios, lecciones e incentivos para que tú puedes empezar hoy – aquí mismo, en este momento – a convertirte en ese hombre que el Señor quiere que seas. Randy Hain ha brindado un servicio vital a los hombres, que en cualquier parte, se tomen en serio e implementen la sólida enseñanza y consejos probados que él comparte en *Camino al Cielo*.

— Patrick Madrid, enero de 2014 —

Agradecimientos

Cuando estoy terminando un libro nuevo siempre disfruto escribir los agradecimientos, ya que me da la oportunidad de reflexionar en la gente maravillosa que han sido parte de hacer que el proyecto del libro cobre vida. Estoy muy agradecido con Mike Sullivan y Shannon Hughes de Publicaciones Emmaus Road por su entusiasmo y apoyo a *Camino al Cielo*. Saber que el editor te apoya en forma decidida, hace que el trabajo del autor sea mucho más fácil.

Patrick Madrid escribió el excelente Prólogo para el libro y le estoy agradecidísimo por sus contribuciones y el increíble ministerio que realiza en el mundo católico a través de sus libros y conferencias. Patrick es una bendición para la Iglesia. En el espíritu de este proyecto yo le agradezco como mi hermano en Cristo.

Gail Coniglio ha sido una tremenda ayuda en su calidad de mi agente literaria, mi principal animadora y amiga para hacer que cobre vida mi libro *Camino al Cielo*. Siempre puedo contar con sabios consejos, apoyo entusiasta y oraciones de Gail.

También aprecio el hecho que ella nunca duda en decirme la verdad.

Muchas gracias Dr. Bill Thierfelder, Obispo Michael Sheridan, Matt Swaim, Matt Warner, Peter Herbeck, Tom Peterson, Padre Dan Ketter, Padre Martin Connor LC, Diácono Mike Bickerstaff, Rick Swygman, Andy Mangione, Dr. Rob Kaiser, Kevin Lowry, Joel Schmidt, Dan Burke, Brian Caulfield, Ken Davidson, Padre Kyle Schnippel, Chris Stefanick, y Patrick Trueman por sus amables y sinceras percepciones que compartieron conmigo a lo largo de *Camino al Cielo*. El gran ejemplo que proporcionan a otros hombres católicos a través del testimonio de sus vidas es una inspiración y este es un mejor libro debido a que ustedes ayudaron con él de manera desinteresada. Siempre estaré agradecido con ustedes.

A los hombres de WBC Atlanta, gracias por enseñarme la necesidad y el valor de la hermandad. No lo repito lo suficiente, pero su apoyo, oraciones, sinceridad y amistad valen mucho para mí.

A los incontables hombres católicos que he conocido en todo el país desde que ingrese a la Iglesia, aprecio mucho el tiempo que han pasado conmigo compartiendo sus retos, preocupaciones, triunfos, y bendiciones. Mucho de lo que leen en *Camino al Cielo* fue influenciado por nuestras conversaciones.

Monseñor Peter Rau, muchas gracias por sus bendiciones y oraciones que ofreció en una coyuntura crítica que me ayudaron a terminar *Camino al Cielo*. Esa fue la inyección espiritual en el brazo que yo necesitaba para terminar el libro.

Mi padre Steve Hain es mi modelo de conducta y mucha de la sabiduría práctica que él ha compartido a través de los años ha influenciado lo que van a leer en éste libro. Muchas gracias, Papá.

Es una bendición tener una familia que me apoya y quiere tanto, que me incentiva y mantiene enfocado en lo que es importante en la vida. Gracias, Sandra, Alex y Ryan.

San José, Santo Patrono de los padres, quiero que sepas que estoy agradecido por el ejemplo que diste, el cual es el modelo para todos los hombres católicos. Por favor reza por nosotros, que podamos vivir con valentía nuestro llamado, llevar una vida santa, y obtener el cielo.

Introducción

"¿Por qué escribiste este libro?" me preguntó un amigo hace no mucho tiempo. La respuesta debería haber sido sencilla: soy un hombre católico y quería escribir un libro práctico que ayude a otros hombres católicos a enfrentar los mismos problemas a los que yo me enfrento en su vida diaria. Pero, la respuesta es mucho más profunda y compleja. Yo me sentía atraído hacia el tema porque estoy muy afligido por el mundo en el que vivimos. Me preocupa que nuestros jóvenes, especialmente los jóvenes hombres católicos, estén creciendo sin entender su fe, las responsabilidades que nos da Dios como hombres, y se estén dejando llevar por el mal camino de los ídolos falsos de nuestra cultura moderna.

Los hombres en general enfrentan retos importantes. La feminización de la masculinidad es una tendencia muy bien documentada y que está creciendo. El papel del hombre como cabeza de la familia está bajo ataque y la pornografía está devorando a los hombres de toda edad a un ritmo alarmante. Por eso, podría uno preguntarse, ¿por qué no escribir un libro

INTRODUCCIÓN

para todos los hombres, no solo para los hombres católicos? La respuesta es que los hombres católicos tienen responsabilidades y obligaciones adicionales que los distinguen de los demás hombres. Como católicos, sabemos que estamos hechos para el cielo y no para este mundo.

Como católicos, sabemos que tenemos la vocación de ser santos y de vivir vidas santas. Como hombres católicos sabemos que nuestra vocación es la de ayudar a nuestras familias a ir al cielo.

Por tanto, como hombres católicos, mejor que sepamos—con certeza—lo que conlleva el "llegar al cielo." Debemos saber el significado y verdaderas consecuencias de la admonición de Jesucristo registrada en Mateo 25, 31-46: *Cuando el Hijo del hombre venga . . . se sentará en su trono de Gloria . . . el separará los unos de los otros . . . y unos irán al castigo eterno, pero los justos irán a la vida eterna.* Yo encuentro que siempre ayuda el empezar cualquier trabajo con el objetivo final en mente. Y yo no puedo pensar en una mejor motivación para practicar nuestra fe católica que la imagen mental de Jesús dándonos la bienvenida al cielo con las palabras, *Bien hecho, siervo bueno y fiel* (Mateo 25, 23).

En nuestro Padre celestial, en San José, y en tantos otros santos, y en unos cuantos hombres valientes de hoy, tenemos excelentes modelos a seguir. La Biblia y el Catecismo de la Iglesia Católica nos ofrecen una enseñanza muy bien definida, y la Iglesia nos brinda acceso a la vida sacramental, y sin embargo, muchos de nosotros seguimos batallando.

Con el deseo no solamente de ayudar e incentivar a los hombres católicos de hoy día pero también para dejar un recurso y guía útiles para las futuras generaciones, humildemente les ofrezco *Camino al Cielo: Una Guía Práctica para el Hombre*

INTRODUCCIÓN

Católico. Este no es un libro lleno de teología católica, pero todo lo que contienen es consistente con y obtenido de las enseñanzas de la Iglesia. Este no es un libro acerca de teorías, es más bien un libro práctico lleno de sinceridad y acciones prácticas con las contribuciones de inspiradores hombres católicos quienes han compartido sus percepciones y experiencias.

Camino al Cielo está dividido en tres secciones: Fe, Familia y Trabajo y la esfera pública. El libro toca temas como el orgullo, la oración, la Eucaristía y la Reconciliación, amistad, matrimonio, valentía, la condición de padre, integrar la fe y el trabajo, fijar prioridades y dirigir a través del ejemplo. Incluso hay un capítulo acerca de cómo los hombres católicos de hoy pueden ser rebeldes – ¡de una manera positiva! Hay también tres apéndices que tratan sobre (1) el ruinoso impacto de la pornografía; (2) la vocación sacerdotal, al diaconado y la vida religiosa; y (3) algunos recursos que son útiles para los hombres católicos. Sin importar la edad o estatus marital, rezo para que todo hombre católico halle valor en leer el libro.

Señores, estamos aquí para ser más que espectadores desde las gradas. Estamos llamados a liderar y a poner el ejemplo. Estamos llamados a conducir a nuestras familias y ayudarlas a llegar al cielo, a involucrarnos en nuestras parroquias, ayudar a nuestras comunidades, y tener una influencia positiva en nuestros amigos y aquellos con los que nos encontramos cada día. Rezo para que este libro les ayude y que el Espíritu Santo lo use para lograr cualquier cambio necesario para ponernos en buen camino, que aceptemos nuestra masculinidad católica y que nos ayude a enseñar a futuras generaciones a hacer lo mismo.

Todos estamos hechos para el cielo. ¡Hay que actuar en consecuencia!

NOTA DEL AUTOR

Debido al enfoque orientado hacia la acción de este libro, les aconsejo que tomen apuntes en un cuaderno o diario a medida que lo vayan leyendo. Cada capítulo tiene preguntas para reflexionar que seguramente generarán pensamientos, ideas y acciones específicas que no querrán olvidar. Este libro es ideal tanto para lectura individual así como libro de estudio en un grupo de hombres católicos.

PARTE I

LA FE

CAPÍTULO UNO

¿Cuáles son los obstáculos entre nosotros y Cristo?

*¿En verdad, no es duro hacerlo sólo?
En serio, ¿qué tan efectivos somos si sólo contamos con nosotros mismos para las respuestas?*
— El Autor —

Mientras vivamos en el mundo, nuestras vidas son una lucha constante entre el amor a Cristo o rendirnos a la indiferencia, a nuestras pasiones, o a buscar la comodidad, lo cual destruye el amor. La fidelidad a Cristo se forja, día a día, al luchar en contra de lo que nos separa de él, y esforzarnos para progresar en la virtud. Entonces serán fieles tanto en los buenos tiempos como en los difíciles, cuando parece que sólo unos cuantos se quedan a lado de Nuestro Señor.
— Francis Fernández —

Recuerdo una conversación con un amigo católico mientras almorzábamos hace algún tiempo, acerca de los obstáculos entre los hombres y Cristo. Luego del acostumbrado intercambio de historias y una discusión acerca de las malas influencias de la cultura, mi amigo se fué diciendo, "Necesito regresar a la oficina. ¡La próxima vez que nos juntemos deberíamos generar una lluvia de ideas para hacer una lista corta de manera que los hombres católicos no nos olvidemos de lo que se supone que deberíamos estar haciendo! La conversación se quedó conmigo, y la idea de lista corta eventualmente se convirtió en este capítulo.

A medida que iba cavilando sobre los obstáculos que me separan de Cristo, y aquellos compartidos por otros hombres católicos con los que me he encontrado a lo largo de los años desde mi conversión a la Iglesia, la lista resultó muy condenatoria y desafiante ya que me hacía recordar exactamente donde yo fallaba continuamente. Sin embargo, el ponderar y reflexionar sobre esta lista también logró inspirarme y me llevó a intentar reflexionar sobre cómo sobrellevar dichos obstáculos durante mi tiempo de oración diaria. Tengo un largo camino por recorrer, pero creo que una mayor consciencia de estos obstáculos, y un enfoque decidido respecto a cómo sobrellevarlos, me llevarán más cerca de Cristo y a mi deseo de lograr el cielo.

Antes de compartir algunos de los obstáculos comunes entre nosotros y Cristo, pensemos que es lo que sabemos con certeza. Tenemos una meta (el llegar al cielo y evitar el infierno), un mapa del camino (las Sagradas Escrituras y la Sagrada Tradición), ejemplos a seguir (los santos, en particular San José), liderazgo (el del papa, los obispos, sacerdotes y diáconos), una autoridad para enseñar que es clara y transparente (el magisterio de la Iglesia católica), una serie de ayudas y apoyos a lo largo del camino (los sacramentos) y una guía literalmente divina (El Espíritu Santo). Está claro, entonces, que estamos muy bien equipados y que tenemos todas las herramientas y los recursos que necesitamos, pero ¿estamos dispuestos a realizar los cambios necesarios para llevar a cabo esto?

OBSTÁCULOS ENTRE LOS HOMBRES CATÓLICOS Y CRISTO
...Y ACCIONES PARA SOBRELLEVARLOS

EL ORGULLO

Nosotros tenemos que rendirnos permanentemente a Cristo para que Su voluntad se lleve a cabo en nuestras vidas. Él no está buscando un copiloto. Él es el piloto. Señores, simplemente tenemos que reconocer que nosotros no estamos a cargo—¡por mucho que queramos estarlo! El próximo capítulo trata sobre el orgullo y el rendirse en aún más detalle.

NO APRECIAMOS LA EUCARISTÍA LO SUFICIENTE

Todos tenemos la oportunidad, cada día, de tener la relación lo más personal posible con Cristo al participar en la Eucaristía durante la Misa. Sin embargo, tal vez no entendamos completamente o apreciemos este gran regalo que Él nos ha dado. Muchas parroquias ofrecen Adoración Eucarística, la cual nos proporciona una oportunidad para arrodillarnos y rezar ante la Verdadera Presencia de Cristo en el Santísimo Sacramento. Nunca Lo conoceremos si no pasamos tiempo con Él.

LA AUSENCIA DE UNA VERDADERA VIDA DE ORACIÓN

No podemos tener una relación con Cristo si es que nunca le hablamos. Hagan el esfuerzo de crear una rutina de oración diaria con la meta de por lo menos una hora dedicada a la oración. ¿Suena difícil? Piensen en cuánta televisión vemos al día. Observen cuánto tiempo pasamos en nuestros carros cada día y cuánto tiempo le dedicamos al ejercicio. Tenemos más que suficiente tiempo para la oración, si la planificamos, y le hacemos un espacio en nuestra apretada agenda, y si nos comprometemos a llevarlo a cabo. Recen la ofrenda de la mañana u otras oraciones antes de salir de la casa (diez minutos), cinco misterios del Rosario en su auto o al hacer ejercicio (veinte minutos), el Examen Jesuita Diario (quince minutos), el Agradecimiento a cada comida (cinco minutos), y con sus hijos y esposa (diez minutos). Súmenlo todo y verán como todo esto suma una hora de oración. (Ver el Capítulo Cuatro sobre la Oración y el Apéndice Tres para Recursos.)

EL MALENTENDIDO SOBRE NUESTRA VERDADERA VOCACIÓN

Para aquellos de nosotros que tenemos la bendición de estar casados y tener hijos, debemos darnos cuenta que el ayudar a nuestras familias a llegar al cielo y el ser buenos maridos y padres (y no nuestras carreras en los negocios) es nuestra verdadera vocación. Es tan fácil permitir que nuestra familia esté al servicio de nuestro trabajo (mi problema hace muchos años) en vez de hacer que nuestro trabajo ¡esté al servicio de nuestra familia! Y que, a su vez, nuestras familias estén al servicio del Señor.

FALTA DE VALENTIA

Si no reconocemos a Cristo, no lo defendemos en público, y no le hablamos a otros acerca de Él, será difícil estar cerca de Él. Los cristianos tienen que sobresalir, no mimetizarse. Vivimos en tiempos difíciles, tiempos complicados. Las familias están bajo ataque, nuestros hijos están en riesgo, mucha gente está ciega ante la necesidad de respetar y valorar la vida, y los ateos son uno de los grupos de más rápido crecimiento en el mundo. Tenemos una oportunidad de oro para ser faros de luz y buenos ejemplos del amor redentor de Cristo. Nos juzgarán un día sobre los frutos de nuestro apostolado, y esperamos escuchar a Jesús decir las palabras, "Bien hecho, siervo bueno y fiel."

FALTA DE DESPRENDIMIENTO

Señores, hay que preguntarnos si realmente necesitamos "eso," sea lo que "eso" sea. El que "mi equipo" de fútbol pierda alguna vez, ¿estropea mi día? ¿Trato el ir a jugar golf, el ir al gimnasio, o el arreglar todos los detalles de mi auto como si fueran cosas más importantes que mi familia o mi relación con Dios que me ama y me creó y es mi meta final? Si ya tengo una pantalla plana de televisión de 50 pulgadas, ¿realmente necesito tener una de 60 pulgadas? Si ya tengo un auto de $40,000 dólares, ¿*realmente necesito* un auto de $50,000 dólares?

¿Estoy "cambiando lo más por lo menos"? Dejen de lado las cosas que se interponen entre nosotros y nuestras vidas de oración, la asistencia a misa, el dar a la caridad, el ofrecernos como voluntarios, el tiempo que le debemos a nuestras familias, y ciertamente nuestra relación con Cristo. "Una separación efectiva de todo lo que tenemos y somos es necesaria si es que vamos a seguir a Cristo, si es que vamos a abrir nuestros corazones a nuestro Señor que está pasando y nos llama. Por otro lado, nuestro apego a las cosas terrenales cierra nuestras puertas a Cristo, y cierra las puertas al amor y a cualquier posibilidad de entender qué es lo más esencial en nuestras vidas" (Francis Fernández, *En conversación con Dios*, 7 volúmenes, Scepter Pubs, 1993). Un desprendimiento saludable incluye dejar de lado las opiniones de otros y hacer lo que sabemos es correcto a pesar de las críticas y juicios de valor de nuestros pares.

LA PORNOGRAFÍA

El Apéndice Dos se ocupa de este problema a fondo. Pero los hombres deben protegerse del creciente peligro y de la fascinación adictiva de la pornografía. Lo que podría empezar como "lujuria de los ojos" puede convertirse en formas más peligrosas de esta epidemia. Esta pecaminosa y dañina adicción está separando cada vez más a nuestros hombres del amor de Cristo. "En el fondo de ti mismo, escucha a tu conciencia que te llama a ser puro . . . un hogar no se calienta con el fuego del placer que se quema rápidamente como una pila de pasto seco. Los encuentros pasajeros son sólo una caricatura del amor; hieren los corazones y se burlan del plan de Dios" (San Juan Pablo II).

LA TIBIEZA

Mientras vivamos en el mundo, nuestras vidas son una lucha constante entre el amor a Cristo o rendirnos a la indiferencia, a nuestras pasiones, o a buscar la comodidad, lo cual destruye el amor. La fidelidad a Cristo se forja, día a día, al luchar en contra de lo que nos separa de él, y esforzarnos para progresar en la virtud. Entonces serán fieles tanto en los buenos tiempos como en los difíciles, cuando parece que sólo unos cuantos se quedan a lado de Nuestro Señor. (Francis Fernández, En conversación con Dios, Vol. 2, 418).

LA MASCULINIDAD DISMINUIDA

La distorsión y confusión de género en nuestra cultura moderna está emasculando nuestra masculinidad. Las mujeres juegan un papel muy especial en el mundo, pero los hombres también—y nos estamos olvidando para qué nos ha creado Dios. La cultura que nos rodea nos ha estado mintiendo acerca de nuestros papeles y roles desde hace décadas. Y cada día que pasa tenemos más temor de ser líderes espirituales en nuestros propios hogares. No somos como las mujeres, y las mujeres no son como nosotros. Los hombres están hechos a la imagen de Dios Padre y sólo nosotros podemos emularlo a este respecto y vivir nuestra vocación.

¿CUÁLES SON LOS FRUTOS DE UNA VIDA EN CRISTO?

"Deja tu puerta abierta para recibirlo, ábrele tu alma, dale la bienvenida a tu mente, y luego verás las riquezas de la simplicidad, los tesoros de la paz, el gozo de la gracia. Abre de par en par la reja de tu corazón, de pie ante el sol de la luz perpetua" (San Ambrosio).

Es difícil hacerlo solo, ¿no es cierto? En serio, ¿qué tan efectivos somos si sólo contamos con nosotros mismos para las respuestas? Yo no sé ustedes, pero yo intenté esa vía por más de veinte años y fue muy difícil. Al haber experimentado una vida en la que Cristo está a cargo, he visto el otro lado de la moneda y rezo para que nunca más tenga que ¡volar solo! Por favor piensa tus respuestas (como lo he hecho yo muchas veces) a estas importantes preguntas:

- ¿Quiero ser un mejor esposo para mi esposa?
- ¿Quiero ser un mejor padre para mis hijos?
- ¿Deseo un peregrinaje de fe más fuerte en la Iglesia Católica?
- ¿Quiero ser un mejor hijo para mis padres? ¿Quiero ser un mejor amigo?
- ¿Puedo estar más involucrado en la comunidad y en ayudar a otros?
- ¿Quiero ser un mejor líder en el trabajo?

A medida que cavilamos sobre las preguntas anteriores, probablemente podemos presumir sin temor a equivocarnos, que hemos respondido sí a cada una de ellas. Ahora, piensa en rendirte a Jesús y pedirle ayuda. Sabemos lo que es hacerlo solo y si somos honestos con nosotros mismos, los resultados no son tan buenos.

El entregarnos a Él, dejando nuestro 'viejo yo' detrás, y ponerlo a Él en primer lugar, cambiará todo. Recibiremos su gracia, su guía, y su amor, lo que, a su vez afectará positivamente nuestras relaciones con nuestras esposas, hijos, amigos y compañeros de trabajo. Veremos que nuestro peregrinaje de fe cobra fuerza a medida que empecemos a apreciar la verdad y la belleza de nuestra fe Católica. Nuestra apreciación de la Misa aumentará exponencialmente a medida que nosotros entendamos mejor el regalo de recibir la Presencia Real de Cristo en la Eucaristía y de estar unidos en unión íntima con Él. Se nos percibirá de manera diferente a medida que la gente empiece a ver como Cristo trabaja en nosotros. O podemos seguir tercamente haciéndolo solos.

Jesucristo murió en la Cruz por nosotros. Él nos redimió de nuestros pecados. Él nos ama incondicionalmente. La única vía al cielo es a través de Él. Pero ¿qué quiere Él a cambio? Él simplemente nos pide TODO nuestro ser—mente, cuerpo y alma. Él quiere que lo coloquemos a Él en el primer lugar de nuestras vidas, antes de la familia, amigos, trabajo—antes de todo. Piensa en la anterior lista de preguntas y coloca la frase "Inspirado por Cristo" antes del sustantivo padre, esposo, hijo, amigo, y líder. ¿Cómo no podría ser esto lo más deseable?

Hace unos años tuve la bendición de ser uno de los expositores en la Conferencia de Hombres Católicos de las Montañas Rocosas en Boulder, Colorado. Uno de los conferencistas que me impresionó mucho fue Chris Stefanick. El Arzobispo Charles Chaput llamó a Chris Stefanick, "uno de los defensores jóvenes de la fe cristiana más cautivadores el día de hoy." Chris da conferencias a más de cincuenta mil adolescentes, jóvenes adultos y padres todos los años; aparece regularmente en medios católicos, participando frecuentemente en "Relevant Radio" y sus videos se muestran en EWTN y Sal & Luz (Televisión Católica).

Este veterano con catorce años de servicio pastoral a los jóvenes, trabajó en una parroquia en la zona del este de Los Ángeles como Director de la Pastoral Juvenil y de Jóvenes Adultos en la Diócesis de Lacrosse; y como Director de la Pastoral Juvenil, de Jóvenes Adultos y de Campus Universitarios para la Arquidiócesis de Denver. Actualmente es el fundador y presidente de "Real Life Catholic"—una organización sin fines de lucro dedicada a re comprometer toda una generación.

Una de las cosas que más aprecio acerca de Chris es cuán orgulloso está de ser esposo y padre de seis hijos hermosos.

Estaba ansioso por conocer sus pensamientos sobre los obstáculos entre los hombres y Cristo.

Chris, sé que has estado involucrado en la Pastoral de jóvenes adultos y de hombres católicos durante varios años. Desde tu perspectiva, ¿cuáles son los obstáculos entre los hombres católicos y una relación más profunda con Cristo?

"Para acercarte a Dios profunda y auténticamente tienes que venir tal cual eres. Abiertamente. Honestamente. De todo corazón.

"Pero si los hombres no saben quiénes son, ¿cómo pueden acercarse a Dios de ésta manera?

"Pienso que hay una crisis cultural respecto a la identidad masculina. ¿Qué significa ser hombre?

"La brecha de identidad se está llenando con mentiras de una cultura que incentiva a los hombres a definirse en todas las maneras equivocadas (dinero, destreza sexual, poder), o los ve como bueyes tontos porque son hombres y da la casualidad que tienen veinte veces más testosterona en sus cuerpos que las mujeres.

"¿Cuál es la solución? Los hombres necesitan otros hombres.

"Las mujeres pueden afirmar nuestra masculinidad, pero como un hombre muy sabio me dijo una vez, sólo otros hombres nos la pueden conferir. Necesitamos hermandad. Una hermandad profunda, auténtica, y honesta, al punto de ser cruda. Si la tenemos creo que podemos redescubrir lo que significa ser hombre, y pienso que podemos aprender, gradualmente, a aproximarnos a Dios tal cual somos.

"En mi vida, tengo hermanos en Cristo como esos, y es una de mis más grandes bendiciones. No paso suficiente tiempo con ellos, pero el compartir mis pensamiento contigo me recuerda que debo hacerlo."

Habiéndote oído hablar en la Conferencia de Hombres Católicos en Colorado Springs hace unos cuantos años, me acordé del urgente llamado que dirigiste a los hombres católicos en todas partes para que "seamos hombres" y aceptemos nuestras responsabilidades. ¿Cuáles son las responsabilidades importantes de los hombres católicos? ¿Piensas tú que los hombres con los que te encuentras están conscientes de estas responsabilidades?

"Los papas han escrito extensamente a las mujeres en los últimos tiempos. Quizás estén compensando por el hecho de que las mujeres no puede ser sacerdotes, así que es importante que la Iglesia en medio de acusaciones de machismo realce la belleza inherente de lo que San Juan Pablo II llamó 'el genio femenino.' Y eso es maravilloso. Pero creo que se están olvidando que el 99.9 por ciento (más o menos) de nosotros los hombres católicos tampoco somos sacerdotes. Lo cual me hace surgir la pregunta, ¿dónde está nuestra carta apostólica, la carta apostólica dirigida a los hombres?"

"Los hombres hemos sido dotados por Dios de una manera muy especial para reflejar Su imagen al mundo. Casados o no, padres o no, todos somos padres de corazón. Reflejamos al mundo la imagen de Dios Padre de una manera en que las mujeres no pueden hacerlo."

"Creo que nos hemos abstenido de reflexionar sobre esto por el temor de parecer machistas. Ya basta. La revolución sexual se acabó. Las mujeres tienen el derecho de trabajar y de usar sus dones en cualquier profesión que ellas quieran. Ellas tienen el derecho de ser jefas en cualquier compañía que quieran. Tienen un lugar en la misión y el ministerio de la Iglesia (y en cualquier parroquia suele ser un lugar muy importante) y yo defendería esos derechos. Pero ahora que eso se ha establecido, ¡es hora de mirar sin miedo, timidez, o disculpas los carismas especiales y a la vocación que tenemos como hombres!

"Hemos sido creados para ser líderes espirituales, proveedores y protectores de una manera que las mujeres no lo han sido. Pareciera que en la familia promedio hemos entregado esos roles a las mujeres, al punto que estamos 'Desaparecidos en Acción' (DEA). Las mujeres superan en un 25 por ciento a los hombres a la iglesia cada domingo.

"Los hombres tienen que tomar las riendas y llamar a sus familias a orar. Necesitamos ser protectores y reflexionar acerca de la trayectoria espiritual de nuestras familias, de cada uno de nuestros hijos, de nuestras esposas, y necesitamos dirigirlos como pastores en la dirección correcta. No estoy seguro que podamos esperar entrar en el reino si alguno de nuestros hijos se queda atrás y nosotros no hicimos nada al respecto, o ni siquiera nos detuvimos para darnos cuenta de lo que estaba pasando a medida que se extraviaban calladamente hacia el reino de la oscuridad.

"Necesitamos estar involucrados en la parroquia, en las escuelas, en la comunidad. Y no estoy hablando sólo de los hombres casados, sino de todos los hombres, quienes estamos todos llamados, cada uno a su propia manera, a la paternidad espiritual.

"Las mujeres son el pegamento de la vida en comunidad, y eso es hermoso, si fluye de sus dones y carismas particulares. Pero yo pienso que las más de las veces también fluye del hecho de que los hombres están ausentes de todo menos de sus trabajos y del fútbol."

Cuando un hombre católico deja de encarar los problemas que usted ha identificado, ¿cuál es el impacto en su matrimonio (o futuro matrimonio si es actualmente soltero)?

"Cuando un hombre no sabe quién es, no sabe lo que está llamado a aportar al matrimonio. Más bien lo encara como alguien que sólo toma y no aporta. No lo encara como un hombre, sino como un bebé, buscando una nueva fuente de leche para mamar. Esto no es lo que uno encuentra en un matrimonio, y claramente no es a lo que el Señor nos llama en Efesios 5: *Esposos, amen a sus esposas como Cristo amó a la Iglesia y se entregó a sí mismo por ella, para santificarla.*

"Un hermano en Cristo una vez me dijo que si uno entra al matrimonio viendo a su esposa como un bálsamo para las heridas, lo cual ella es en cierto modo, entrará en shock al ver que Dios ha planeado que ella también sirva como el dedo del doctor que toca y diagnostica sus heridas. Cuando uno entra con un brazo roto, lo primero que el doctor hace es tocarlo, '¿Esto duele?' '¡Ay! ¡Si!' 'Bien, ahora ambos sabemos dónde está roto y podemos empezar a trabajar para arreglarlo.'"

Si tuvieras una sola oportunidad para dirigirte a una audiencia de hombres católicos, de todas las edades, genuinamente buscando crecer en su fe y aceptar las responsabilidades que les ha dado Dios, ¿cuál sería tu mensaje para ellos?

"Tú tienes veinte veces más testosterona que las mujeres. Eso no te hace un depravado. Es una de las muchas cosas que te hacen ser un hombre. Hay una razón por la que todas las naciones en la tierra fueron fundadas por un hombre: ¡la testosterona! Es por eso también que probablemente la mayoría de las personas en prisión son hombres.

"Estás más 'dispuesto sexualmente' que las mujeres. Pero eres también más propenso a la ira que las mujeres. Los hombres a menudo piensan que son inherentemente inferiores, espiritualmente hablando, a las mujeres debido a esas tendencias. Ser un hombre cristiano no implica aplastar todo eso, sino guiarlo. Llevas muchos 'caballos de fuerza' en tu interior. Una vida de virtud consiste simplemente en asegurarte que dichos caballos jalen tu vida en una dirección poderosa y positiva, en lugar de encaminarte peligrosamente hacia algún precipicio. No se trata de matar a los caballos.

"La pureza y la paciencia no tienen nada que ver con nunca sentirse excitado o enojado. Dios quiere incentivarte para que te levantes y te conviertas en el hijo, hermano, y padre que Él te creo para ser a Su propia imagen.

"Solo estoy señalando dos puntos particulares, pero el punto verdadero es que cuando Dios te mira, Él no ve algo débil y roto o sucio. Él ve a Su hijo. Y cuando te llama, no te llama a que te hagas menos hombre a fin de que puedas ser redimido. Él te está llamando para que seas el hombre que Él te creó para ser. ¡Él desea fomentar lo mejor en ti!"

A medida que reflexiones sobre éste capítulo y las siguientes preguntas, cuestiónate: ¿cuáles son hoy las barreras entre tú y Cristo? ¿Reconoces los obstáculos? Aún más importante, ¿estás preparado para sobrellevarlos? Los obstáculos existentes, y las acciones para sobrellevarlos, podrían parecer abrumadores y que requieren mucho trabajo, pero el reto verdadero es el de poner en práctica estas acciones, no como si fuesen un montón de cosas por hacer para tacharlas de una lista, sino como parte de una forma de ver la vida más amplia y plena que pone a Cristo en el primer lugar en cada área de nuestras vidas.

A medida que vayas leyendo el resto del libro encontrarás que estos retos son explorados en mucho mayor detalle con acciones prácticas, enseñanzas de la Iglesia y la guía de otros hombres acerca de cómo podemos buscar, fielmente, llevar vidas de santidad y la meta de ir al cielo.

PREGUNTAS PARA LA REFLEXIÓN

1. A medida que reflexiono sobre lo que he leído del autor y de Chris Stefanick, ¿existen obstáculos no identificados que constituyan un problema para mí en mi relación con Cristo?
2. ¿Es doloroso para mi admitir la presencia de dichos obstáculos en mi vida, o más bien me siento motivado, más que nunca, para superarlos?
3. El autor identificó "la tibieza" como un obstáculo. ¿He considerado ésto antes? ¿Soy culpable de hacer un esfuerzo muy débil en la práctica de mi fe católica?
4. Si soy honesto conmigo mismo, el primer obstáculo - el del orgullo - ¿impide mi crecimiento espiritual y mi relación con Cristo la mayoría de las veces? ¿Puedo identificar momentos específicos a lo largo de las últimas semanas cuando éste haya sido un problema fácilmente identificable? ¿Qué haría de modo diferente si encarara la misma situación nuevamente?

CAPÍTULO DOS

¡Entrégate!

*Pocas almas entienden lo que Dios podría lograr
en ellas si se abandonaran sin reserva a Él, y si permitieran,
en consecuencia, que Su gracia las moldeara.*
— San Ignacio de Loyola —

Hombres, ¿luchamos contra la idea de entregarnos a Dios? Muchos hombres con los que me encuentro fueron criados desde temprana edad, como yo, para ser duros, fuertes, para no llorar, para no demostrar emociones. Aprendimos a levantar barreras alrededor de nuestros corazones que mantienen al mundo a cierta distancia emocional. La víctima más importante, sin embargo, es nuestra relación con el Señor, pues a menudo terminamos manteniendo al mismo Cristo a cierta distancia, también.

Es irónico que este formidable obstáculo que nos aparta de Cristo nos exige, a la vez, lo que es, posiblemente, la cosa más difícil que se le pueda pedir a un hombre: el entregarse en forma total a la voluntad Divina. Uno de los obstáculos claves para esta entrega total a Dios es el *orgullo*, ¡y este sí que lo tenemos en abundancia! La cura para esto es la *humildad*, lo mejor en contra del pecado del orgullo. El autor Peter Kreeft escribió, "El orgullo no significa una opinión exagerada del valor propio: eso es vanidad. El orgullo significa que uno juega a ser Dios, exige ser Dios. 'Mejor ser rey en el infierno que servir en el cielo' dice Satanás, justificando su rebelión, en 'El Paraíso Perdido' de Milton. Esa es la fórmula del orgullo. El orgullo en su totalidad es 'hágase mi voluntad'. La humildad es 'hágase Tu voluntad'. La humildad está centrada en Dios, no en uno mismo. La humildad no es tener una opinión exageradamente pobre de uno mismo. La humildad consiste en olvidarse de uno mismo. Un hombre humilde nunca te dice cuán malo es. Está demasiado ocupado pensando en ti como para hablar de sí mismo."

En muchos casos yo diría que estos momentos de orgullo son los que nos impiden entregarnos a Dios día a día y que eventualmente nos vuelven temerosos de esta entrega. Observo, de manera cotidiana, a hombres católicos que han llegado a tener una fe más profunda y una relación más estrecha con Cristo, alejarse sólo por la necesidad de entregarse. ¿Por qué? Después de innumerables conversaciones con algunos de mis hermanos católicos, me gustaría compartir algunas observaciones (y unas cuantas citas directas y confidenciales) sobre los desafíos en el camino hacia una entrega confiada a nuestro Señor.

- Rendirse/entregarse a Cristo y a Su voluntad divina es aterrador.
- Ceder el control/ no estar a cargo es atemorizador.

- "¿Cómo me juzgarán mis amigos y compañeros?"
- "Es difícil ser vulnerable."
- Existe el temor de perder la libertad personal.
- Existe el temor de que el costo de la entrega sea demasiado alto.
- El orgullo y el ego siempre se entrometen.
- Los hombres tienen problemas con los lazos emocionales.
- Existe una barrera alrededor del corazón que se formó a una temprana edad (mi experiencia personal).
- "Fui criado para guardar estas cosas dentro de mí, y para suprimir mis sentimientos, tal como lo hacía mi papá."
- "El trabajo y el estrés familiar son bastante duros. No tengo tiempo para estas cosas ahora."
- "Voy a Misa cada domingo. ¿Acaso no es eso suficiente?"

¿Resonó en ti alguno de estos obstáculos? Todos resonaron en mí. Mantén estos obstáculos en mente mientras continuas la lectura de este capítulo.

Para entregarnos diariamente a Cristo es importante que depositemos nuestra confianza absoluta en Él. ¿Qué tenemos que perder? Cuando nos entregamos, Dios entra dentro de nosotros, y eso es, exactamente, lo que Él hizo por mí. En última instancia es una cuestión de control contra entrega. "Si permitimos que Cristo ingrese en nuestras vidas, no perdemos nada, nada, absolutamente nada de lo que hace que la vida sea libre, hermosa y grande. ¡No! Es solamente en esta amistad que las puertas de la vida se abren de par en par, el gran potencial de la existencia humana es verdaderamente revelado únicamente en esta amistad." (Papa Emérito Benedicto XVI, Homilía del 24 de abril de 2005).

Recuerdo muy bien cómo era mi vida antes de entregarme al Señor y de ponerle a Él en el primer lugar de mi vida. Hasta ese momento todo lo que tenía era mi familia y el trabajo, y yo estaba en control de mi propio destino (eso pensaba). Lidiaba con los desafíos de la vida, a medida que estos se presentaban, y me atribuía, orgullosamente, el mérito cuando las cosas salían bien. Creía que era el marido y el padre fuerte que *mi* padre había sido mientras yo crecía. Pensé que yo controlaba las riendas de mi destino. Pero Dios tenía otros planes para mí, y como dijo San Bernardo de Claraval siglos atrás, "Aquél que es su propio maestro, es un estudiante bajo la guía de un tonto."

En la segunda misa a la que jamás había asistido, en octubre de 2005, poco después de que mi esposa y yo tomáramos la decisión de convertirnos e ingresar en la Iglesia católica, experimenté una poderosa conversión personal. Estaba tembloroso, sudando, nervioso y me sentía débil al inicio de la misa. ¡Mi familia pensó que estaba sufriendo un ataque al corazón! Esta sensación rara duró unos diez minutos hasta que pasó. Lo que pasó en esos pocos preciosos momentos transformó mi vida. Ingresé a la iglesia esa mañana sintiéndome perdido. Yo sabía que necesitaba ayuda y que ya no tenía las respuestas. Me acuerdo haber rezado silenciosamente a Dios para que me dirigiera y reconocí que ya no estaba en control de mi vida. Me sentía muy débil porque nunca le había pedido nada a Dios antes y no sabía cómo renunciar al control. Cuando recé esas palabras, abandoné el control, y sinceramente me entregué a

Su voluntad. A continuación sentí una oleada súbita de fuerza y una sensación de paz, la cual sentía como si fuese un viento soplando a través de mí. Había renunciado a más de veinte años de terquedad, ego y orgullo que habían estado acumulándose desde que asistí por última vez a la Iglesia Bautista cuando era un adolescente.

Tu experiencia podrá ser muy diferente de la mía. Todo lo que puedo compartirte es que, cuando yo dejé de lado mi orgullo y humildemente me rendí a Su voluntad, el Señor me dio una fuerza y una sensación de paz que aún tengo hasta el día de hoy. Tienes que saber, por favor, que todavía lucho con el orgullo y para poner a Cristo en primer lugar en cada aspecto de mi vida, y que todavía tengo desafíos como cualquier otra persona. Pero, el saber con certeza que Él me perdonará, me amará, me guiará y me bendecirá hace que vuelva una y otra vez al lugar donde rezo las palabras, "Me rindo, Señor. Por favor guíame."

¿HAY PASOS PRÁCTICOS QUE PODAMOS IMPLEMENTAR?

La opción de rendirse a Cristo y colocarlo en el primer lugar requiere de compromiso, y el recorrido para llegar ahí es difícil. Conozco a muchos hombres católicos buenos e inteligentes que se han sentido profundamente movidos por una reunión o retiro emocional de fin de semana, por un libro inspirador o por una tragedia personal, a asumir este compromiso, sólo para volver al comportamiento de "yo primero" semanas más tarde. Le pasa a cualquiera. Este compromiso tiene que ser firme y exigirá sinceridad, diligencia y sacrificios.

A continuación presento una serie de acciones prácticas que he aprendido de grandes católicos sobre cómo ayudarme a poner Cristo y Su voluntad en el primer lugar en mi vida.

EMPIEZA Y TERMINA TU DÍA CON ORACIÓN

Háblale a Cristo a través de la oración y pídele que te guíe. Reza y pídele que Su voluntad se haga y ofrécele todo a Él. Ten en cuenta esta oración, "Señor, por favor haz de mí un cauce para tu voluntad. Ayúdame a ser humilde, desprendido y apto para discernir tu plan para mi vida. Te amo y te agradezco por todas las bendiciones. Te pido que me dirijas y guíes mis acciones hoy y cada día."

SIGUE EL EJEMPLO DE MARIA

Nuestra Santísima Madre es el más grande ejemplo de cómo confiar en Dios y su 'sí' debería inspirarnos a hacer lo mismo. Reza un rosario al día para invocar su ayuda o, si un rosario completo te parece mucho, empieza con cinco misterios, o incluso uno sólo (diez Ave Marías)—*algo* de oración mariana es mejor que *nada* de oración mariana. "De María aprendemos a entregarnos a la Voluntad de Dios en todas las cosas. De María aprendemos a confiar aun cuando toda esperanza parece haber desaparecido. ¡De María aprendemos a amar a Cristo, su Hijo, e Hijo de Dios!" (San Juan Pablo II, Homilía de 6 de octubre de 1979).

EDÚCATE

Estudia la fe. Lee la Biblia y el Catecismo de la Iglesia Católica, o una meditación corta cada día. Yo recomiendo mucho *Camino* y/o *Surco*, de San Josemaría Escrivá (se pueden conseguir por separado o en un sólo volumen junto con *Forja*); *Jesus Shock*, de Peter Kreeft; *Jesús de Nazaret*, del Papa Emérito Benedicto

XVI; *Introducción a la Vida Devota*, de San Francisco de Sales, y *La Imitación de Cristo*, de Tomás de Kempis.

CONVIÉRTETE EN UN APASIONADO DE LA EUCARISTÍA

¿Quieres de verdad experimentar a Cristo en plenitud y estar más cerca de Él? Busca la Presencia Real de Cristo en la Eucaristía en la misa diaria cuando te sea posible, y busca un momento tranquilo ante el Santísimo Sacramento en Adoración Eucarística cada semana. "Cuando lo hayas recibido, incita a tu corazón y alma a rendirle homenaje; háblale de tu vida espiritual, contémplalo en tu alma donde Él está presente para tu felicidad; dale la bienvenida tan cálidamente como puedas, y compórtate exteriormente de tal modo que tus acciones puedan ser una prueba para los demás de Su Presencia" (San Francisco de Sales). Lee más acerca de esto en el Capítulo Cinco.

BUSCA EL GOZO Y NO LA FELICIDAD

Un antiguo director de vocaciones de la Arquidiócesis de Atlanta dio una maravillosa charla a la Asociación de Negocios San Pedro Chanel unos cuantos años atrás en la que describió la búsqueda de la felicidad como la búsqueda de las cosas de este mundo. Creemos que estamos buscando la felicidad en una casa más grande, un mejor auto, una remuneración más alta, pero, ¿todas estas cosas realmente nos traen la felicidad? Lo que él quería decir es que toda felicidad debe estar precedida por el *gozo* y que todo *gozo* es *inspirado por Cristo*. Hermanos míos, busquen y entreguen su corazón a Cristo para hallar el gozo y, como consecuencia de aquello, también hallarán la felicidad.

Es posible que ya estés haciendo todas estas cosas y muchas más, y te doy las gracias por mostrarnos el camino con tu ejemplo. Ésta no es ciertamente la lista definitiva, pero estas acciones me mantienen centrado en la voluntad de Cristo y me ayudan a encontrar el camino de regreso a Él cuando me pierdo. Mientras piensas sobre el contenido de este capítulo y cómo te habla a ti, por favor ten en cuenta que no puedes sencillamente "agregar a Jesús a tu vida" y compartir el control con Él. Él exige todo de nosotros, todo el tiempo. A cambio de nuestra entrega confiada, Él nos colmará con Su fuerza, Su amor, Su paz y nos moldeará para ser los padres, esposos, amigos, líderes y católicos que siempre quisimos ser. Con Su fortaleza dentro de nosotros, a menudo veremos que estamos dando y compartiendo nuestro recién hallado amor desprendido con las personas en nuestras vidas. Por último, pregúntate, "¿qué pierdo realmente entregándome a Cristo?" Luego, pregúntate otra vez, "¿Qué es lo que pierdo *dejando* de entregarme a Cristo?"

En los últimos años he llegado a conocer a un notable esposo, líder y evangelizador católico, el Dr. Bill Thierfelder. Él es presidente del Belmont Abbey College, una universidad de artes liberales cerca de Charlotte, North Carolina y autor de *Less Than A Minute To Go: The Secret to World-Class Performance in Sport, Business and Everyday Life* (*Menos de un Minuto: El Secreto de un Desempeño de Primera en el Deporte, en los Negocios y la Vida Cotidiana*).

Antes de ser nombrado presidente del Belmont Abbey College, el Dr. Thierfelder fue presidente de la legendaria empresa de ejercicios, York Barbell. Ha dado cientos de charlas sobre temas relacionados con la fe, los deportes, la educación, la medicina y los negocios; también ha comparecido ante el Congreso de los Estados Unidos para dar testimonio en temas de libertad religiosa. Es Caballero de Malta y vive en las afueras de Charlotte con su esposa, Mary, y sus diez hijos.

A pesar de esta lista impresionante de logros, el Dr. Thierfelder es uno de los hombres más humildes que conozco. Esto se ve claramente en sus charlas, en sus escritos, en su trabajo para la Iglesia y aun en el modo en que saluda a los estudiantes cuando camina en el hermoso campus universitario de Belmont Abbey College.

Dr. Thierfelder, tenía mucho interés por conocer sus pensamientos y perspectivas sobre los desafíos que los hombres católicos (y todos los hombres, en realidad) tienen con el orgullo. ¿Por qué el orgullo es un obstáculo tan grande para vivir nuestra fe católica?

"El orgullo es el principio de todos los pecados. Este amor propio desordenado es el fundamento sobre el cual se erigen todos los obstáculos en la vida de un hombre.

"Los hombres típicamente tienen una habilidad y aguante naturales para concentrarse en una sola tarea hasta que logren terminarla, aun en detrimento de todos a su alrededor. Existe un espíritu de competencia en los hombres que hace que cada tarea sea una cuestión de ganar o perder. Esta intensa motivación para 'ganar' puede convertirse a menudo en una ocupación egoísta y centrada en sí misma. Nuestra sociedad refuerza adicionalmente esa motivación promocionando a los 'ganadores' y dejando fuera a los 'perdedores'. Esto puede llevar a justificar una mentalidad de ganar a cualquier precio que en última instancia los lastimará a ellos y a todas las personas que ellos aman. ¿Cuál es el objeto de ganar un concurso si pierdes las cosas más importantes de tu vida? (Véase Marcos 8, 36)."

De sus propias experiencias y observaciones, ¿los hombres católicos de cualquier edad reconocen cuando el orgullo está interfiriendo en sus matrimonios, sus relaciones con sus hijos, sus carreras, y la práctica de su fe católica? ¿Por qué nos cuesta verlo y qué podemos hacer para estar más conscientes de la presencia del orgullo?

"Es la insidia del orgullo la que nos lleva a decir, 'Tú eres el problema, no yo'. Nuestra necesidad de estar 'en lo correcto', de 'tener la razón', o de ser lo 'bastante buenos' para obtener el amor que ansiamos, muchas veces nos impide ver la verdad, que es, 'Yo soy el problema' o 'No sé'. Debido a que se espera de los hombres que sean líderes y que tengan todas las respuestas, pueden llegar a pensar y creer que saben lo que es lo más conveniente en cualquier situación dada. Después de todo, ¿cuán a menudo te has topado con un hombre al que le gustara pedir indicaciones cuando está perdido?

"Superar el vicio exige conciencia. Si tú no sabes lo que hiciste no hay modo de cambiarlo o mejorarlo. Lo mismo respecto a superar tu orgullo. Pregúntate, '¿Qué tan bien escucho a los demás? ¿Ya estoy preparando mi respuesta antes de que haya oído todo lo que tenían que decir?'. Una buena medida práctica, cuando uno está hablando con alguien, es primero preguntarse antes de responder, '¿Es verdad? ¿Necesito decirlo? ¿Hará alguna diferencia que lo diga?'. Si puedes decir 'Sí' a las tres preguntas, lo más probable es que vale la pena decirlo. Si no, ¡sigue escuchando! Esto te ayudará a enfocarte en los otros y no en ti mismo."

Usted ha mencionado la oración, la humildad y la entrega como los antídotos al orgullo y yo estoy plenamente de acuerdo. Si podemos reconocer la presencia del orgullo pecaminoso en nuestras vidas, ¿cómo abrazamos la humildad y la entrega cuando estas acciones son tan difíciles para la mayoría de los hombres?

"La humildad es reconocer, 'Yo no soy nada, yo no sé nada, y yo no tengo nada'. Esto no es baja auto-estima o una humildad falsa porque, después de todo, si estás parado al lado de Dios ¿de que te estás jactando? Existe una maravillosa libertad que viene al darte cuenta de esto. No tengo que ser algo que no soy. Estoy llamado a ser exactamente lo que Dios quiere que sea y darle mi todo en todo lo que hago. Nunca puedes 'perder' o resultar 'humillado' porque correctamente percibes que ya estás en el suelo. Esto te libera para en realidad funcionar a tu máximo. Ahora puedes poner toda tu atención y talento en la tarea a mano, lo que usualmente resulta en tu mejor desempeño. Y no lo estás haciendo porque las personas te darán palmaditas en la espalda y te dirán que eres grande, sino más bien porque quieres darle a Dios todo lo que tienes.

"La humildad consiste en emprender grandes cosas sin temor porque sabes que la fuente de la grandeza es Dios y no tú. Por esta razón las personas humildes pueden hacer grandes cosas."

Cuando usted reflexiona sobre su propia vida, ¿puede acordarse de una instancia concreta en la que se haya descarrilado por el pecado del orgullo y qué fue lo que pasó para ayudarlo a reencaminarse?

Al inicio de mi carrera me molestaba cuando leía que otros profesionales en mi campo habían tenido éxito de algún modo. Tenía una tendencia a criticar sus logros y hallar razones por las cuales no los merecían. A pesar de que no estuve consciente de aquello en ese momento, lo estaba haciendo en un intento de demostrar que yo era el 'mejor' y merecedor de todos los honores. Nunca dije, 'Yo soy el mejor', pero al desacreditar a los otros yo estaba en realidad diciéndolo.

"Podrías estar tentado a pensar, 'pero, ¿qué pasa si usted y yo somos los mejores en lo que hacemos?'. Bueno aquello sería maravilloso, pero, ¿por qué creeríamos necesario desacreditar a otros? ¿Por qué no podríamos estar contentos por sus logros? El mismo hecho de que estemos tan preocupados por que otros de alguna manera reciban el mérito o reconocimiento por algún logro demuestra nuestro orgullo. Como Lucifer, el príncipe del orgullo, ni siquiera Dios puede ser el mejor.

"La lectura de los escritos de los santos fue especialmente útil para superar este defecto fatal. *Confiada Entrega a la Divina Providencia: El Secreto para la Paz y la Felicidad; Abandono a la Divina Providencia,* y *La Vida Devota* para nombrar sólo algunos, me ayudó a ver la verdad de mi lugar en el mundo. Llegué a entender con claridad y a creer que todo lo que poseía era en realidad un don de Dios. Yo era uno de los siervos en Mateo 25, 14–30. Se me dio todo de acuerdo a mi habilidad; física, mental y espiritualmente—¡y así fue con todos los otros! Se los llamó a ser buenos administradores, igual que a mí, y a duplicar lo que se les había dado.

"Esto me liberó para hacer lo mejor que podía hacer con todas las bendiciones que había recibido y para ser feliz cuando otros hacían lo mismo."

Si usted pudiera resumir los volúmenes de enseñanzas católicas sobre el pecado del orgullo para hacer un "plan de toma de responsabilidad" sobre el cual los hombres católicos pudieran actuar, ¿Cómo sería este plan práctico?

"Yo sugeriría que sea sencillo. Primero, ¡Dios es el Rey y yo no lo soy! Todo lo que tengo es de Él. Estoy llamado a duplicar los talentos que Él me ha dado, a devolver el 100 por ciento. Eso significa que todo lo que tengo es un don.

"Date un minuto o dos y escribe en una hoja de papel todas las cosas en tu vida que son invaluables, es decir, todo aquello a lo que no le puedes poner precio. Que no las intercambiarías por todo el dinero en el mundo. Después de un minuto la mayoría de las personas han dejado de escribir. Revisemos tu lista. Por ejemplo, ¿anotaste tu tronco cerebral? ¿O qué tal tus retinas izquierda y derecha? ¿O cada uno de los núcleos que contiene cada célula de tu cuerpo? Probablemente al inicio has puesto una expresión en tu rostro que decía, '¿de qué está hablando?'. Pero piénsalo. ¿Puedes vivir con células que no tienen núcleos? No. Ahora vuelve a examinar tu lista. Probablemente escribiste cosas grandes como mi salud, mi familia, y así sucesivamente, sin tomar en cuenta todas las cosas invaluables que componen cada una de ellas. Para hacer una lista en regla necesitarías casi una cantidad infinita de lápices y hojas para escribir todas las cosas que no se pueden comprar ni con todos los tesoros del mundo.

"Somos incomparablemente ricos. Si hoy nos quitaran todo y viviéramos otros cien años, jamás podríamos agradecerle a Dios lo suficiente por todo lo que nos ha dado hasta este momento. Frente a tan inmensa generosidad, ¿cómo evitar no humillarnos hasta el suelo?

"Tener una profunda gratitud y humildad incrementará tu deseo de cumplir la voluntad de Dios en todas las cosas en vez de la tuya. La Santísima Virgen te indica cómo hacerlo en seis de las más poderosas palabras jamás escritas, *Hagan lo que él les diga* (Juan 2, 5). Tu obediencia a sus palabras te asegura su protección contra el pecado del orgullo.

"Esto no exige de tu parte ningún emprendimiento mayor. Santa Teresita del Niño Jesús, la Pequeña Flor, era conocida por 'la vía de lo pequeño'. Hizo un hábito de vida hacer aun las cosas más pequeñas con amor y humildad. Piensa acerca de cada día, ¿qué 'pequeñas' cosas puedes hacer para recordar tu lugar correcto en el plan de Dios?

"Acá hay unas cuantas sugerencias que podrían ayudarte a superar el orgullo y a adquirir la virtud de la humildad. Empieza con una, o parte de una, que te sea fácil hacer. Agrega otra cuando puedas, pidiéndole al Espíritu Santo que te guíe.

"Si es posible, encuentra un buen director espiritual; acude a la confesión con frecuencia, por lo menos una vez al mes; recibe la Eucaristía cada semana, a diario si es posible; ve a Cristo y sé Cristo para todos con los que te topas, especialmente aquellos que te irritan porque son los que más necesitan de tu amor; escucha antes de hablar; cuando te equivoques, admítelo, repara el daño y sigue adelante. En lugar de decir, 'me enorgulleces', di, 'me das mucho gozo'. Sé obediente de acuerdo a tu estado de vida. Entrénate para decir al instante, 'Gracias, Jesús' cuando van bien las cosas y, especialmente, cuando van mal (ver 1 Tes 5, 18). Lee algo de la Biblia o escritos de los santos cada día, aun cuando sólo sea una oración o dos. Procura rodearte de cosas que te recuerden a Dios. Lleva sacramentales en el coche, en el trabajo, en tu persona. Reza el rosario o cinco misterios del mismo cada noche con tu familia, aun cuando eso signifique llamar por teléfono en altoparlante, y nunca te olvides que la vida se pasa en una millonésima de segundo (ver la Oración a San José Obrero del Papa San Pío X)."

Entonces, ¿qué nos revela este capítulo sobre el orgullo y la entrega? Nos hace recordar que es necesario rezar para pedir humildad cada día. Nos recuerda que la entrega y la conversión son continuas, no un acontecimiento único. Nos hace apreciar aún más a esos amigos francos que no tienen temor de hablarnos con la verdad acerca de nuestras vidas. Nos debería volver agradecidos por el Sacramento de la Reconciliación en el cual podemos confesar nuestros pecados y ser sanados. Espero que nos haga agradecidos por un Dios que perdona y nos ama.

PREGUNTAS PARA LA REFLEXIÓN

1. Antes de leer este capítulo, ¿hice la conexión entre la entrega y el orgullo? ¿Ahora entiendo en mayor profundidad que debo renunciar al control? ¿Que Cristo me quiere entero, y no solamente la parte que yo estoy dispuesto a compartir?

2. Si soy honesto, ¿con cuántos de los obstáculos a la entrega compartidos por el autor me siento identificado en mi propia experiencia? ¿Hay algunos otros que se interponen en mi camino?

3. El Dr. Thierfelder sugiere la oración, la humildad y la entrega como antídotos para el orgullo. Parte de aceptar estos antídotos es la necesidad de estar consciente de uno mismo. ¿Estoy consciente de mí mismo? ¿Me doy cuenta cuando el orgullo se interpone?

4. El Dr. Thierfelder propone un sencillo plan de acción para combatir el orgullo en el último párrafo de su entrevista. ¿Estoy poniendo en

práctica algunas de estas acciones ahora? ¿Me comprometeré a empezar? ¿A quién le daré cuentas de cumplirlo?

CAPÍTULO TRES

Suéltalo

Las ataduras malsanas a las cosas y personas de este mundo
no nos liberan para buscar la salud de nuestras almas sino,
más bien, nos distraen de las verdaderas necesidades
que tenemos: paz, satisfacción, gratitud, alegría.
Éstas son las cosas que el alma anhela y que
sólo se pueden hallar de verdad en Dios.
— Padre Martin Connor —

Yo me crie en un hogar en el que mi padre y mi madre, ambos, trabajaban para cubrir las necesidades más apremiantes. Hubo épocas en las que mi papá tenía dos trabajos para ayudar a mantener a nuestra familia. Teníamos pocas cosas extras, pero teníamos lo que necesitábamos. Si quería dinero para mis gastos debía tener una serie de trabajos para ganarlo. Lo que sí tenía en abundancia nuestra familia era amor, aliento, y un enfoque en la importancia de los valores. Mis padres siempre se dieron tiempo para mi hermana y para mí, y el tiempo en familia durante la cena era sagrado. Estaban genuinamente interesados en lo que hacíamos en la escuela. No importaba cuán cansado estaba mi padre después del trabajo, jugaba al béisbol conmigo todos los días al atardecer y los fines de semana. Mi madre era nuestro sostén emocional y siempre admiré el equipo que ella y mi padre hacían. Teníamos reglas y conocíamos los límites que no podíamos traspasar. La fe era algo muy importante para mis padres, y la iglesia y la oración eran elementos básicos en nuestro hogar. Mi niñez no fue perfecta, pero estoy agradecido por la experiencia que tuve y la manera en que me formó.

Sospecho que muchos de nosotros tenemos memorias gratas similares y "momentos Norman Rockwell" en nuestro pasado. Sugeriría que un vínculo que une la mayoría de nuestras experiencias de la niñez es la sencillez. No teníamos tantas distracciones. La tecnología todavía estaba bajo nuestro control (al contrario de la influencia omnímoda que ejerce sobre nosotros hoy día) y los valores y el carácter todavía importaban. Probablemente tenías menos obstáculos para tu relación con Cristo en ese tiempo. Soy realista ahora que tengo cuarenta y tantos años y entiendo muy bien el mundo impulsado por la tecnología en el que vivimos, pero a medida que envejezco me estoy posicionando contra una versión neo-modernista del futuro en la que "todo vale" y estoy acudiendo más a las lecciones del pasado para guía.

Estoy cada vez más alarmado por la obsesión y adicción al consumismo y materialismo que al parecer impulsa a tantas familias hoy en día. Los medios de comunicación social y los que hacen avisos de venta al detalle se han insinuado en cada dispositivo electrónico o impreso que poseemos, utilizamos y vemos cada día. Nos han vendido durante décadas el concepto de un estilo de vida que está lleno de diversión, comodidad y, me atrevería a decir, culpa si no vamos a la caza de ese paraíso artificial. Nos empujan a comprar, comprar, comprar, y después a comprar aún más.

El enfoque puesto en la adquisición de bienes materiales nos impulsa a muchos de nosotros a trabajar más y más para ganar más dinero para comprar casas más grandes, mejores autos, y artilugios más a la moda. Esta obsesión a menudo jala a ambos padres a la fuerza laboral para mantener su estilo de vida, estar a la par con los vecinos, o satisfacer un vacío interno profundo. No hay nada de malo con un estilo de vida agradable, ¿pero cuánto es suficiente? Y más importante aún, ¿podemos llevarlo con nosotros al final de nuestras vidas?

En Mateo 6, 19-21 nuestro Señor dijo: *No amontonen tesoros en la tierra, donde hay polilla y herrumbre que corroen, y ladrones que perforan y roban. Amontonen más bien tesoros en el cielo, donde no hay polilla ni herrumbre que corroan, ni ladrones que perforen y roben. Porque donde está tu tesoro, allí estará también tu corazón.* Esta clara instrucción de Jesús significa que debemos hacer un mejor inventario de nuestras vidas. Debemos asegurarnos que Dios no sea solamente una de nuestras prioridades, sino la más alta prioridad. Jesús nuevamente habló sobre este tema en Mateo 6, 24.33-34: *Nadie puede servir a dos señores; porque aborrecerá a uno y amará al otro; o bien se entregará a uno y despreciará al otro. No pueden servir a Dios y al Dinero . . . Busquen primero el Reino de Dios y su justicia, y todas esas cosas se les darán por añadidura. Así que no se preocupen del mañana: el mañana se preocupará de sí mismo. Cada día tiene bastante con su propia preocupación.*

Este centrarse en adquirir las cosas de este mundo no nos permite centrarnos en Dios. Nuevamente, por favor no me malinterpreten. Mantener a nuestra familia con cierta comodidad no es malo en sí. Estoy hablando de la búsqueda *excesiva* de los bienes materiales que no nos deja centrarnos en Él. Existe una palabra que directamente enfrenta este problema: *desprendimiento*. Como ha escrito Francis Fernández en su excelente serie de libros, *Hablar con Dios*: "El desprendimiento real de las cosas exige sacrificio. Cualquier desprendimiento que no cuesta no es verdadero. La vida cristiana es de tal naturaleza que exige un cambio radical en nuestra postura hacia los bienes terrenales. Debemos adquirirlos y utilizarlos no como un fin en sí mismos, sino como un medio para servir a Dios, a la familia y a la sociedad. La meta de un cristiano no es la de acumular más y más, sino la de amar a Cristo más y más mediante su trabajo y su familia, así como a través de los bienes materiales" (Vol. 3, 109–110).

Piensa en las palabras clave que ponemos antes de las cosas materiales que deseamos en el curso de un día: "quiero . . . ," "necesito . . . ," "amo . . ." Ahora, reemplaza esas cosas por la palabra Cristo y utiliza las mismas palabras clave. Todos deberíamos *querer, necesitar* y *amar* a Cristo, y nuestros pensamientos siempre deberían tener que ver con Él.

Buscando entender mejor la necesidad del "desprendimiento," me puse en contacto con un muy respetado sacerdote que está activamente involucrado en los ministerios para hombres católicos. El Padre Martin Connor, L.C., es oriundo de Baltimore y uno de ocho hijos, de los cuales los dos últimos son sacerdotes Legionarios. Ingresó a los Legionarios de Cristo en 1990 después de recibirse de la Universidad Boston College con títulos en filosofía y teología. También obtuvo un título de posgrado en filosofía de la Universidad Pontificia *Atheneum Regina Apostolorum* de Roma. Ha enseñado extensamente la teología del cuerpo de San Juan Pablo II y actualmente forma parte del Consejo Nacional de Clérigos del Instituto de Teología del Cuerpo de Filadelfia. Actualmente vive en Atlanta y es capellán tanto de los hombres del Regnum Christi como del capítulo local del Instituto Lumen.

Padre, con base en las observaciones que ha hecho a lo largo de su sacerdocio y trabajo como capellán del Foro de la Paternidad de Atlanta, ¿cuáles son los mayores obstáculos que separan a los hombres católicos de Cristo?

"Yo diría que los dos mayores obstáculos hoy día para los hombres son los problemas de la lujuria y el materialismo. Ambos tienen en realidad el mismo problema de raíz: la independencia de Dios arraigada en un espíritu de idolatría. Tenemos la tendencia a idolatrar el mundo creado en vez de adorar al único verdadero Dios. ¿Hay alguna sorpresa en por qué Dios nos advirtió en el primer mandamiento acerca de la idolatría: 'No tendrás otros dioses fuera de mí'? Era como si estuviera diciendo: 'Muchachos, si pueden entender esto entonces todo el resto vendrá por añadidura. Me necesitan y no traten de hacerlo solitos'. A los hombres en particular no nos gusta 'sentir' nuestra necesidad. Sólo pregúntenle a las mujeres en nuestras vidas. Odiamos sentir que dependemos de otros o que somos insuficientes en lo *más mínimo*. *Muchas veces nos ponemos la máscara de la confianza cuando dentro de nosotros estamos aterrados de fracasar, o de no estar a la altura de los acontecimientos. Tomen, como ejemplo, cuando un* hombre es despedido de su trabajo. Muchas veces este hecho puede tomar la forma literal de una tragedia existencial, hiriéndolo en lo más profundo de su ser, haciéndole cuestionar su propio valor. Creo que la razón de esto es que da un golpe certero al centro de su problema, su independencia. El desempleo hace que un hombre sea muy dependiente. Con la recesión en nuestra economía he sido testigo en primera persona de como esas experiencias duras logran hacer volver a los hombres a una vida de fe fuerte, arraigada en una dependencia amorosa al plan de Dios.

"El problema de la lujuria es un problema de pérdida de equilibrio. Dios le dijo a Adán que mandara sobre Su creación (Gen 1, 28–29). Cuando el pecado entró al mundo creó un desequilibrio en el corazón del hombre. Es por ello que con la lujuria el hombre busca el dominio y control sobre otro en lugar de respetarlo y estimarlo. Hemos sido creados de manera que tenemos impulsos sumamente fuertes hacia la belleza física. Estas pasiones nos pueden impulsar a buscar una satisfacción desordenada en todo tipo de formas en vez de controlar y canalizar esos impulsos hacia la manera correcta de ser. Y por qué no debería seguir dichos impulsos dado que así es como he sido creado, ¿no? Sin embargo, Dios ha creado a la persona humana con una dignidad especial que es más que meramente animal. Somos seres pensantes y que eligen, animales racionales, quienes con nuestra libertad podemos escoger en lo que nos convertimos a través de nuestras decisiones. Podemos llegar a ser menos de lo que somos, de lo que fuimos creados para ser. El adicto a la pornografía es un ejemplo perfecto: hastiado, roto y totalmente volcado hacia dentro de sí mismo, incapaz de relaciones interpersonales, especialmente con las mujeres. ¿Verdaderamente es un mejor hombre por haber actuado de acuerdo a sus impulsos?

"La codicia o materialismo es también un problema de querer estar en control. Si tan solo pudiera tener suficiente 'seguridad económica' entonces todo estaría bien. La riqueza es una falsa seguridad. Es solo otra mentira del maligno que no podemos hacer funcionar sin la ayuda de Dios."

Usted mencionó "el apego" y la necesidad de dejar de lado las cosas que no importan. ¿Podría ampliar su explicación sobre ese tema?

"Venimos al mundo como si fuéramos esponjas. Solamente vea cómo crecen los niños; *absorben* todo, lo bueno y lo malo de sus padres y de lo que los rodea. Sin embargo así es como nos hizo Dios, para que aprendamos 'cómo se hacen las cosas', maduremos y prosigamos con la vida. Sin embargo, debido a que tenemos tal inclinación para 'asimilar' lo que nos rodea, también podemos empezar a convertir tales cosas y personas en el fin en sí mismo. En otras palabras, podemos empezar a esperar que dichas cosas sean nuestra felicidad y que sean nuestra realización. Se convierten en ataduras. No existe criatura—material o inmaterial—que en última instancia pueda satisfacer el corazón humano. Sólo nuestro Señor y Creador puede hacerlo. Así es que, cuando hablo de ataduras, me estoy refiriendo a nuestra tendencia como seres humanos a poner todo nuestro tiempo, atención y energía en lo que es lo temporal en vez de en lo que es eterno, aquello que nunca cambia. Todos estamos de acuerdo que la salud física es importante y que todo el tiempo y dinero que le dedicamos a esta realidad es importante. Sin embargo, dado el hecho de que somos algo más que solamente organismos físicos—*cuerpo y alma*—necesitamos cuidar del espíritu. ¿Cuál es el estado de salud de mi alma? ¿Cómo lo estoy alimentando? Las ataduras malsanas a las cosas y personas de este mundo no nos liberan para conseguir la salud de nuestra alma, y más bien nos distraen de las verdaderas necesidades que tenemos: paz, satisfacción, gratitud, alegría. Estas son las cosas que el alma anhela y que solo se pueden hallar en Dios."

En nuestra moderna cultura materialista en la que los hombres son bombardeados con mensajes acerca de falsos ídolos y alentados a adquirir cosas que no necesitan, ¿cómo nos aconseja defendernos?

"Nos volvemos materialistas fácilmente porque no pensamos con claridad. Darnos tiempo para Dios es absolutamente crítico. La oración nos da la habilidad de pensar con claridad. Nos da una brújula de lo que es bueno y malo, y nos señala cuál es la dirección donde están las realidades celestiales que son verdades que nunca cambian y que deberían regir nuestras vidas. Acuérdense que somos peregrinos en esta vida. No deberíamos estar *demasiado* a gusto con lo que esta vida nos ofrece. No fuimos hechos para este mundo, así que ¿por qué colocar todas nuestras esperanzas en él? Por eso, la primera lección es asegurarte que tu vida espiritual sea fuerte, que estés rezando para que puedas mantener tu cabeza y tu corazón libres para tomar las decisiones correctas, para descubrir los ídolos falsos en tu vida, rechazarlos, y seguir lo que es verdaderamente importante. Los deseos de tu corazón te llevarán a lo que es infinito, que nunca termina, y sólo Dios es infinito."

"Segundo, es crítico que tomes control de lo que te separa de una vida cuyo centro es Dios y que empieces a poner límites a esas cosas. Para la mayoría eso empieza con su mundo financiero. Esta no es una conversación que a la gente le guste tener pero es absolutamente esencial. ¡Debemos donar, lo que se llama 'dar el diezmo', de manera intencional! Es mucho más importante tener claro cuánto estás dando a Dios cada mes, trimestre y cada año, que saber qué es lo vas a hacer con la familia en Navidad, cuándo serán sus próximas vacaciones o a qué escuela van a asistir tus hijos. Estas preguntas podrán ser importantes pero no tienen un dominio tan fuerte sobre tu corazón como lo tiene el mundo financiero como para dirigir tu conducta. Cuando se trata de sus finanzas, la mayoría de las personas creen que son bastante generosas, pero muy pocas conocen el número real exacto de sus 'generosos donativos' para ayudar con las necesidades de otros. Los números no mienten. Esta es la razón por la cual desafío a las personas a poner en orden sus finanzas y a encontrar ese número del 'diezmo' mensual y anual que ellos están dando. Te sorprendería saber que cuando alguien me acepta el desafío, a menudo encuentran que el número real es bastante menos de lo que suponían.

"¿Por qué dar el diezmo o, mejor dicho, poner en orden tus finanzas, es tan importante? Lo que creemos como cristianos es que hemos sido salvados. ¿Salvados de qué? De nosotros mismos. Todo nuestro mundo (económicamente o de otro modo) está dirigido a complacer al 'yo'. Somos profesionales en complacernos. Sin embargo, nuestra fe se trata de ser 'desinteresados' como Cristo. Si tu principal intención es darle tus 'primeros frutos a Dios' (como Él de hecho lo pide en Éxodo 23, 19), entonces lograrás poner todas tus otras prioridades en orden. Darás un nuevo tono a tu vida que será 'centrado en otros'. Si fallas en esto, es inevitable que, dada nuestra naturaleza caída, te hagas bastante egoísta; y lo más probable es que empieces a fallar en otros sectores clave de tu vida, como el matrimonio y la paternidad, ¡que de suyo ya exigen muchísimo!"

¿Afectan estas ataduras desordenadas nuestra generosidad hacia la Iglesia, el servicio a los otros y nuestra caridad en general? ¿Cómo?

"No existe duda alguna de que las ataduras desordenadas afectan nuestra generosidad. Dichas ataduras son justamente eso, desordenadas; en otras palabras, no 'ordenadas rectamente' hacia los fines correctos. Nuestra meta final es el cielo, y el aspirar a ese apego total a lo que Dios quiere para nosotros demanda 'desapego' de lo que nosotros *creemos* que necesitamos. Al hacer esto, descubrimos que nuestras 'necesidades' anteriores eran en realidad 'deseos' egoístas. En otras palabras, lo que queremos muchas veces no es lo que necesitamos. Y no es como si Dios no supiera lo que nos dará dicha total, realización total, y la emoción de la alegría. Sus planes son mucho mejores que nuestros planes. Dios conoce nuestros corazones y está dedicado en forma incansable a atraernos hacia Él, llenando nuestros corazones con el verdadero alimento de la felicidad. Una vida espiritual fuerte nos protege de las falsas necesidades que luego producen deseos incontrolables. La manifestación clave de una vida espiritual fuerte es una vida 'centrada en otros': servicio a tu familia y a tu comunidad en vez de sólo pensar en ti y en tus necesidades. Esta es la razón por la cual los bautizados están llamados no solo a buscar la santidad, sino a construir el reino de Cristo. En otras palabras, cuando hacemos apostolado, cuando somos las manos y pies de Cristo para los otros, existe un desprendimiento del yo que emerge de esto. Cuando optas por no involucrarte en el servicio a los demás, optas por rechazar la esencia de lo que te hace ser un seguidor de Cristo en primer lugar."

¿Cómo puede un hombre católico empezar a desarrollar un modo de pensamiento generoso y deshacerse de estas ataduras del mundo de hoy? ¿Qué acciones prácticas podemos hacer para que esto se convierta en realidad?

"La generosidad no consiste solamente en 'girar un cheque'. Los hombres necesitamos actuar. Necesitamos vivir las cosas que decimos ocupan el primer lugar en nuestras vidas. Si no lo hacemos, entonces eso es lo que llamamos hablar 'de dientes para afuera', y no existe un *verdadero* hombre a quien le guste solo el hablar 'de dientes para afuera'. A Jesucristo no le gusta tampoco. 'No todo el que me diga: "Señor, Señor" entrará en el Reino de los Cielos, sino el que haga la voluntad de mi Padre que está en los cielos.' (Mateo 7, 21).

"Lo que hace que un hombre siga siendo generoso y desinteresado es aquello que *lo llama a salir de sí mismo,* aquello que es lo más importante para él. Primero su esposa y familia o aquellas personas que él ama. A manera de auto examen diario necesito preguntarme, en el día a día, ¿qué hago por las personas cercanas a mí que vaya más allá del rol de 'proveedor' (sin dejar de reconocer la importancia de este)? ¿A quién me estoy entregando? Tenemos que ser capaces de responder a estas preguntas con ejemplos concretos de acciones *cotidianas* de manera que podamos luchar contra las tendencias de interés egoísta que son tan fuertes dentro de nosotros. Algunas respuestas aceptables a estas preguntas son:

- Preparo el desayuno para mi esposa e hijos por la mañana antes de que vayan a la escuela (no solamente una vez al mes).
- Sacrifico tiempo de sueño para rezar en la mañana (no solamente una vez por semana).
- El lavado de ollas y cazuelas es mi deber después de la cena.
- El cuerpo de mi esposa es sagrado y merece mi respeto y reverencia.

- Mi liderazgo espiritual en la familia se traduce en que 'Yo empiezo la oración', no mi esposa.
- Llevar a los chicos a las clases y eventos deportivos es una responsabilidad compartida entre mi esposa y yo.

"El examen diario al final de cada día mantendrá tus tendencias egocéntricas a raya y con la ayuda de la gracia de Dios hará de ti un hombre más cariñoso y dedicado.

"Esta práctica sigue la antiquísima sabiduría de Sócrates: 'Una vida no examinada es una que no vale la pena vivir.'"

Un hombre que dejó atrás lo que el mundo valora más que todo para mejor servir a Dios y a la Iglesia es Tom Peterson, presidente y fundador de Catholics Come Home (*Católicos Vuelvan a Casa*). Después de veinticinco años como un ejecutivo de propaganda comercial premiado, la vida de Tom Peterson cambiaría radicalmente después de experimentar una conversión espiritual transformadora cuando asistía a un retiro para hombres católicos. Poco después él fundó *VirtueMedia* (medios pro-vida) y el sitio web *CatholicsComeHome.org*. En sus primeros seis años, Catholics Come Home ha difundido avisos televisivos de evangelización católica en treinta y seis diócesis y a nivel nacional en los Estados Unidos, viabilizando el retorno de casi quinientas mil almas a su hogar en la Iglesia Católica. Tom es un apasionado de nuestra fe católica y está dedicado a su esposa, tres hijas y primer nieto.

Tom, por mucho tiempo he apreciado la historia de tu peregrinaje de fe y la reconversión a la Iglesia católica que experimentaste hace muchos años. Un aspecto de tu historia que siempre me llamó la atención fue tu decisión de achicar y simplificar tu vida y deshacerte de lo que tú llamaste tus "ídolos." ¿Podrías explicarte en mayor detalle?

"¡Con gusto! Cuando muchos de nosotros pensamos en la palabra ídolo, es posible que pensemos en la estatua de un dios pagano. Eso es exacto, pero los ídolos también toman el aspecto de una carrera profesional, el dinero, la belleza, una residencia amplia, un buen automóvil, vacaciones exóticas, y aún la admiración de nuestros amigos y compañeros. La Iglesia nos enseña que cuando una de estas cosas toma la primacía en nuestras vidas, entonces estamos adorando a un ídolo.

"Esta observación viene de mi propia experiencia también, porque hubo un período de tiempo en mi vida que estaba repleto de ídolos. Dios fue relegado a un pequeño rincón de mi corazón mientras yo seguía un estilo de vida y vivía una vida desprovista de las cosas que valen de verdad. Tomó su tiempo, pero empecé a darme cuenta que estos ídolos mundanos tenían que desaparecer para que Dios fuera el primero en mi vida. Esa decisión y el proceso doloroso que la siguió ha hecho toda la diferencia para mí y mi familia, y he sido verdaderamente bendecido porque se me ha concedido una segunda oportunidad para experimentar el amor y la misericordia de Dios."

¿Tú ves que nuestros hombres católicos de hoy experimentan los mismos problemas con los ídolos y las prioridades correctas?

"Lo veo y está empeorando. Creo que necesitamos empezar por reconocer que Dios desea que seamos felices, felices de verdad. Él es nuestro amoroso Padre celestial y nos creó para un gran fin. Él quiere revelar Su amor por nosotros y que tengamos ese amor para todos con los que nos topamos. Pero hay obstáculos que nos impiden hacerlo. Estamos trabajando más duramente y por más tiempo para comprar cosas que no nos hacen felices. A menudo estamos tratando de mantener un estilo de vida que exige que tanto el esposo como la esposa trabajen a tiempo completo, en vez de un estilo de vida más modesto que nos permita una familia feliz y bien adaptada centrada en amar y servir a Dios.

"De lo que hablamos no es solo sobre un estilo de vida, sino sobre cómo estamos viviendo. La sociedad está exigiendo más y más de nuestros jóvenes y el factor de la competencia puede ser abrumador para nuestros hijos. Muchas familias que conozco están yendo corriendo de un evento deportivo a recitales y varias otras actividades sin darse tiempo simplemente para estar juntos. Nos hemos olvidado de cómo relajarnos y pasarlo bien en nuestra compañía. Las familias necesitan rezar juntas y asistir juntos a misa y hacer adoración de la Santa Eucaristía juntos. Pueden y deben servir al que es el menor de nuestros hermanos y hermanas en la comunidad. Estar persiguiendo ídolos y las prioridades equivocadas está lastimando a muchas familias hoy día, y los hombres católicos deben enfrentar el desafío de decir no cuando sea apropiado y ser los líderes en sus hogares."

Tom, yo sé que tu camino de vuelta a la práctica activa de tu fe católica y tu papel como fundador de Católicos Vuelvan a Casa y Virtue Media fueron ayudados en gran medida por la oración y el Sacramento de la Reconciliación. ¿Podrías compartir con nosotros cómo te ayudaron estos agentes catalizadores?

"Sin oración dejamos de comunicarnos con Dios. Sencillamente no podemos saber cuál es Su voluntad sin una vida de oración activa a lo largo de cada día. La reconciliación es el sacramento más subutilizado en la Iglesia, sin embargo nos provee con gracias sacramentales y perdón para empezar de nuevo y frescos. Dios es misericordioso y quiere derramar Su amor sobre nosotros, pero debemos aceptar Su regalo. Si no has acudido a la Confesión en los últimos dos meses, haz el compromiso de ir esta semana. La confesión cambió mi vida y la de incontables otras personas y te bendecirá a ti y a tu familia también."

Tom una última pregunta. Cuando piensas acerca de la cantidad de tu energía y tiempo que estaban dedicados a mantener un estilo de vida materialista años atrás, a diferencia de la manera en la que utilizas tu tiempo y energía hoy, ¿podrías describir en palabras sencillas la diferencia en tu vida, la vida de tu familia, y las vidas de aquellos con los que estás cada día?

"Cuando quitamos el enfoque sobre nosotros y nos enfocamos en lo que quiere Dios para nuestra vida, empezamos a experimentar la aventura de la nueva evangelización—el verdadero propósito y plan de Dios para cada una de nuestras vidas. Nada nos hará más felices o más realizados que cuando estamos cumpliendo y viviendo la voluntad perfecta de Dios. Él hace este plan a la medida para cada uno de nosotros. Con un corazón sincero pídele al Espíritu Santo que guíe tu camino, vive los mandamientos, reza y ayuda a otros y mira cómo empiezan los milagros."

PREGUNTAS PARA LA REFLEXIÓN

1. Mientras medito sobre las lecciones de este capítulo, ¿reconozco algunas de las ataduras desordenadas en mi vida? ¿Cuáles son?

2. ¿He caído en la trampa de tratar de servir a dos señores? ¿Me doy cuenta que esto realmente no es posible?

3. A medida que tomo en cuenta mis verdaderas prioridades a la luz de lo que los autores, el Padre Connor y Tom Peterson, han compartido, ¿cómo clasificaría lo que es importante para mí hoy? Antes de leer este capítulo, ¿mis acciones estaban alineadas para apoyar esta lista de lo que es importante?

4. ¿Qué haré en forma diferente, desde hoy, para deshacerme de las cosas en la vida que no importan? ¿A quién rendiré de mis acciones?

CAPÍTULO CUATRO

Ser Un Hombre De Oración

> Muchos de los hombres católicos indiferentes a lo espiritual
> que he conocido tienen problemas con sus vidas de oración,
> sin embargo, volcar nuestros pensamientos hacia Él
> en oración, agradeciéndole y pidiéndole Su ayuda puede ser
> muy fácil si solo nos rendimos y reconocemos
> que no podemos hacerlo solos.
> — El Autor —

Mientras escribía este capítulo, medité sobre mis experiencias como católico desde mi conversión en el 2005 hasta ahora. Uno de los mayores obstáculos para mí en los primeros días de mi peregrinaje de fe era la falta de una vida de oración. Yo sabía que necesitaba rezar, pero no podía acordarme jamás de haber sinceramente rezado por algo. Estaba lidiando con el típico desafío masculino de pedir ayuda, especialmente ¡pedirle ayuda a Dios! Lo racionalicé pensando, "¿Quién soy yo para molestarle con mi pequeñeces de problemas?"

Fui a uno de los diáconos de nuestra parroquia, y hablé con él respecto a los problemas que tenía con la oración y le pedí consejo. Me miró con una sonrisa y me dijo que estaba abordando la oración de modo equivocado. "No te preocupes de pedir ayuda todavía," él me dijo. Su consejo era sencillamente ir al Señor con gratitud y darle gracias por las bendiciones en mi vida. Se prendió el foco y finalmente lo entendí. Eventualmente, aprendí cómo pedirle ayuda y consejos a Dios, pero mi vida de oración de verdad comenzó cuando yo aprendí a sencillamente darle las gracias por las bendiciones en mi vida. Ha habido momentos difíciles en el camino y trechos áridos, pero mi vida de oración ha seguido creciendo y desarrollándose cada día que pasa.

Seamos honestos. Rezar puede ser difícil. Amigos, no alego ser un experto sobre la oración, pero sé que mi vida ha mejorado inconmensurablemente porque *sí* rezo. He sufrido innumerables desafíos como esposo, padre, y hombre de negocios que no hubiera podido sobrellevar sin oración. Me gustaría compartir con ustedes los pasos en mi peregrinaje de oración como un hombre católico, lecciones que he aprendido e ideas de cómo rezar con la esperanza que ustedes encuentren que mis experiencias les sean útiles.

El Primer Paso de mi vida de oración fue *aprender a agradecer a Dios y estar agradecido*. Tal como aprendí de ese diácono que me ayudó muchos años atrás, aproximándome a Él en oración y meditando sobre las bendiciones en mi vida cada día, es como descubrí cómo apreciar y reconocer el papel de Dios en mi vida. Hasta el día de hoy no empiezo una oración sin darle gracias.

Paso Dos: Consistió en aprender *cómo pedir perdón*. Yo acudo al sacramento de la reconciliación con frecuencia, pero aun así es importante que le pida al Señor su perdón e indulgencia cuando cometo un pecado, que es más a menudo de lo que me gusta admitirlo. Reflexionar en qué le he fallado a Él, pedirle perdón y la gracia para no volver a cometer ese pecado, se ha convertido en un examen de conciencia diario.

Paso Tres: *Pedir Su ayuda y consejo.* Fue aquí cuando también aprendí a rezar por otros y sus intenciones. Creo que los hombres en general tienen problemas con pedir ayuda y yo, por cierto, no soy la excepción. Mi vida de oración, que sigue en crecimiento, y mi fe, cada vez más profunda, me han dado la humildad para darme cuenta que no tengo todas las respuestas, y que Jesús definitivamente quiere ayudarme. En los primeros días yo pedía Su ayuda en forma dubitativa y sólo para asuntos importantes como el lograr que mi familia vaya al cielo, que bendijera a nuestros sacerdotes y diáconos, sanar a un amigo enfermo, y así sucesivamente. Ahora me siento muy cómodo pidiendo Su ayuda y consejo en cada faceta de mi vida.

Paso Cuatro: Fue *aprender a desahogarme totalmente con el Señor.* Esto ha ocurrido solamente en los últimos años. Tengo la tendencia a llevar mi estrés, mis frustraciones, preocupaciones y temores como un peso oculto colgando de mi cuello. A medida que he mejorado en pedirle ayuda al Señor, empecé a pedirle a que aligerara esas cargas mentales y emocionales. Estoy tan agradecido que ahora puedo acudir a ÉL y pasarle mi estrés del trabajo, mis preocupaciones acerca del futuro de mis hijos o cualquier otra cosa que me esté hundiendo. *Vengan a mí todos los que están fatigados y sobrecargados, y yo les daré descanso. Tomen sobre ustedes mi yugo, y aprendan de mí, que* *soy manso y humilde de corazón; y hallarán descanso para sus almas. Porque mi yugo es suave y mi carga ligera.* (Mateo 11, 28-29).

Paso Cinco: Ha sido algo así como un cambio reciente pues *he aprendido a rezar pidiendo aceptación.* Unos cuantos años atrás uno de nuestros sacerdotes en la parroquia nos desafió a mí y a mi esposa a no solamente rezar pidiendo la sanación y un futuro independiente para nuestro hijo mayor que tiene autismo, sino también rezar pidiendo aceptación. Al solamente pedir sanación, él nos dijo, que esencialmente estábamos pidiéndole a Dios que volviera a hacer su creación y que lo hiciera de mejor modo esta vez. Esto fue una realización profunda para nosotros y una que se ha desbordado a otros sectores de nuestra vida. Ahora rezo pidiendo aceptación de los desafíos y momentos difíciles en mi vida y pido aprender de ellos en vez de pedirle a Dios que los "arregle." Este nuevo enfoque ha afectado cada aspecto de mi vida en forma positiva, por lo cual estoy agradecido.

Paso Seis: Ha sido *el incremento de mis oraciones para pedir la intercesión de nuestra Santísima Virgen y los santos.* Buscar la intercesión de María cuando rezo el rosario, o en momentos cuando necesito con desesperación su fortaleza, ha sido una bendición increíble. Cuando me enfrento a desafíos como esposo o padre, recurro a San José y pido su ayuda como el modelo increíble que es y debería ser para todos los hombres. San Miguel Arcángel, Santa Filomena y Santo Tomás Moro están entre los santos cuyo auxilio suelo pedir con frecuencia.

Tengo la esperanza de que habrán más pasos en la evolución del crecimiento en la oración si soy humilde y sigo comprometido en profundizar mi relación con Cristo. Santa Teresa de Ávila, una doctora de la Iglesia, escribió sobre las etapas de la oración en su libro *El Castillo Interior*. Yo sinceramente espero lograr la vida de oración mística y contemplativa que ella describe en sus obras y rezo que Cristo me lleve a ese lugar.

Estas son algunas lecciones importantes que he aprendido (¡y sigo aprendiendo!) en mi vida de oración y que me gustaría compartir.

¡HAZLO!

Si no nos fijamos un horario para la oración y lo cumplimos, no va a suceder. Pon tu vida de oración en tu agenda. Pregúntate si estarías dispuesto a pasar tan sólo treinta minutos al día con tus seres queridos. ¡Esperemos que la respuesta sea un rotundo *sí!* Muy bien, entonces, ¿por qué nos cuesta tanto darle al Señor por lo menos treinta minutos al día en oración? Cómo rezamos no es, por mucho, tan importante como el hecho de rezar en sí.

PREPARAR NUESTROS CORAZONES Y MENTES PARA LA ORACIÓN

Antes que empecemos a rezar, debemos tener la disposición correcta de humildad y fe en que Dios puede ayudarnos y nos ayudará. Leer la Biblia, el Magníficat, o un libro de meditaciones tales como *Camino, Surco y Forja* de San Josemaría Escrivá cada día antes de rezar nos ayudará a preparar nuestra cabeza y corazón para acercarnos a Cristo de modo más intencional y significativo.

DERROTAR LOS "TRAMOS ÁRIDOS"

Todos experimentamos aridez en nuestra oración o tenemos problemas para concentrarnos. Podríamos pensar que Dios no nos está escuchando. Es posible que caigamos en la trampa de pedirle a Dios que dé validez a lo que nosotros queremos en vez de someternos a Su voluntad. Estoy seguro que la mayoría de nosotros experimentaremos esto, pero ¡no desmayes! El libro de la Madre Teresa de Calcuta revela décadas de aridez y desesperación en su vida de oración y aun así perseveró.

NO PERMITAS QUE EL TRABAJO Y LAS OCUPACIONES SEAN UNA EXCUSA

Si tomamos en serio el mejoramiento de nuestras vidas de oración, dejaremos de hacer que la oración se ajuste a nuestro día y más bien haremos que nuestro día se ajuste a nuestra vida de oración. Si creemos que es importante, va a ocurrir. Considera también la posibilidad de integrar la oración a tu sesión de ejercicios, mientras corres o durante tu viaje hacia y del trabajo. Si en serio piensas que no tienes un minuto libre en tu día y que añadir la oración sería demasiado pesado, sugiero que te sientes y hagas un inventario objetivo de tu día para ver cómo y dónde lo estás pasando: los resultados podrán ser sorprendentes. "Todos necesitan un tiempo de treinta minutos de oración personal cada día, salvo que estén demasiado ocupados para rezar—en cuyo caso, necesitan una hora" (San Francisco de Sales).

REZA MÁS, ESCUCHA MÁS

Quiero escuchar más en la oración y no divagar respecto a lo que necesito. Quiero dejarle a Él que me hable a mí y tengo que estar quieto y dispuesto a oír. Tengo que evitar pedirle a Dios que valide decisiones que yo ya tomé. Como aprendí unos cuantos años atrás, uno reza cada vez que fija sus pensamientos en Dios y no en uno mismo .

SIN ORACIÓN, NUESTRA FE MORIRÁ

Sencillamente no creceremos en nuestra relación con Cristo si no lo hacemos a través de la oración, De acuerdo al Catecismo

(2744): "La oración es una necesidad vital. La prueba de lo contrario no es menos convincente: si no permitimos que el Espíritu nos guíe, caemos en la esclavitud del pecado [ver. Gal. 5,16–25]."

Finalmente, me gustaría compartir algunas ideas sobre exactamente *cómo* rezo con la esperanza que esto les dé algunas ideas prácticas para su propia vida de oración:

CUANDO ESTOY EN UN LUGAR TRANQUILO...

Al despertar en la mañana antes que el resto de mi familia, repito una breve oración de agradecimiento para empezar el día. Después de tomar un café y un poco de lectura espiritual, rezo sobre lo que he leído y los desafíos que enfrentaré ese día o las intenciones especiales de un amigo o ser querido. Mi familia y yo rezamos juntos todas las noches y estamos tratando de introducir un rosario familiar. También he sido adorador del Santísimo Sacramento por más de siete años. Esta es la mejor hora del día, cuando rezo ante la Presencia Real de Cristo en la Sagrada Eucaristía. Rezo en la misa para ser digno de recibir el don de la Eucaristía y rezo una oración de acción de gracias por este maravilloso don después de recibir la comunión.

CUANDO ESTOY OCUPADO CON MI JORNADA DE TRABAJO...

Intento asistir a misa diaria en mi parroquia u otra parroquia cerca de mi oficina cuando puedo, pero espero poder hacerlo mejor en el futuro puesto que mi día siempre mejora después de recibir la comunión. Una parte importante de mi oración diaria es el examen de conciencia desarrollado por los jesuitas. Lo coloco en el calendario de mi iPhone y me recuerda cinco veces al día parar por unos cuantos minutos y reflexionar sobre los acontecimientos y las personas que me rodean, y luego rezo.

Cada parada tiene un propósito específico, puedes aprender más acerca de este útil ejercicio de oración en el Apéndice Tres. También hago la bendición de la mesa en mi comida e invito a mis compañeros a hacerlo conmigo.

CUANDO ESTOY DE VIAJE...

He descubierto que reemplazar el tiempo de escuchar la radio con tiempo para la oración cuando voy a o vuelvo de mi trabajo ha sido de gran ayuda ¡para mantener mi cordura! Suelo rezar el Ofrecimiento de la Mañana y el Ángelus cuando estoy en mi automóvil. Les parecerá raro, pero prefiero rezar mi rosario cuando estoy corriendo por las sendas cerca de mi casa o cuando estoy ejercitándome en la máquina caminadora. Me encanta la idea de integrar una oración importante con una actividad importante. Aquellos que viajan mucho podrán hallar que la página web Masstimes.org y algunas aplicaciones para smartphone son muy útiles para encontrar las iglesias más cercanas para misas y visitas al Santísimo Sacramento.

ALGO PARA PENSAR...

Orar más podrá parecerles abrumador si son personas ocupadas como yo, si suman todo el tiempo de oración que compartí con ustedes es más de una hora al día. Me ayuda repartir el tiempo dedicado a la oración así, y no puedo subrayar lo suficiente la importancia de poner la vida de oración en la agenda. Como dije anteriormente, si no lo colocas en tu agenda nunca va a suceder. Asimismo, no dejes que el hecho de tener una rutina de oración te desanime para realizar oración de manera espontánea según lo exijan las circunstancias.

Hermanos, yo ciertamente no tengo todas las respuestas ni soy un perito en la oración. Simplemente quiero compartir, como alguien que ha lidiado con desafíos similares a los que ustedes enfrentan, que mi vida de oración y mi peregrinaje en la fe han ido en aumento juntos. No tenía ningún tipo de vida de oración antes del 2005 y ahora no puedo imaginarme vivir la vida sin una. Para mí la oración se da en cualquier momento que pongo mi atención en Dios y no en mi persona. Se puede lograr por una variedad de vías y acciones. Acuérdense que sentirse digno o inspirado *no es* un buen barómetro para medir el valor de nuestra vida de oración. Orar para pedir *tener el anhelo de orar* vale la pena y es un buen comienzo.

¿Qué pasa si queremos explorar una vida de oración aún más rica y profunda? Para consejos en esta área me puse en contacto con Dan Burke, un hombre conocido en el mundo católico por su actividad como bloguero, por sus conferencias, y un libro que ganó premios en 2012, *Navigating the Spiritual Life: Spiritual Direction and the Journey to God [Navegando la Vida Espiritual: Dirección Espiritual y el Viaje hacia Dios].* Dan es un católico apasionado. Más allá de su contagioso amor por Jesús y Su Iglesia, Dan es un esposo agradecido, padre de cuatro niños, y fundador de Catholic Spiritual Direction [Dirección Espiritual Católica] (www. RCSpiritualDirection.com)—el blog más leído sobre el tema de auténtica espiritualidad católica. Dan es director ejecutivo y escritor del *National Catholic Register* de EWTN (www.NCRegister.com), co-anfitrión habitual en *Register Radio*, y un autor y conferencista que organiza seminarios en el internet (webinars). Viaja para compartir la historia de su conversión y las enormes riquezas que la Iglesia nos da a través de la espiritualidad católica auténtica. Dan ha participado en el programa de EWTN titulado *Journey Home* [Camino a Casa] (www.EWTN.com) y en numerosos otros programas de radio.

¿Dan, en tus viajes alrededor del país, qué es lo que has observado acerca del papel de la oración en las vidas de los hombres católicos que has conocido?

"Si estás hablando respecto a hombres a quienes admiro, hombres que están dirigiendo sus familias y haciendo una diferencia en la Iglesia y en el mundo, hombres que tienen maravillosas relaciones con sus esposas e hijos, la oración juega un enorme papel en sus vidas. Todos ellos toman la oración muy en serio y nunca terminan un día sin haber pasado un buen tiempo de rodillas (tanto dentro como fuera de misa)."

¿Cuáles parecen ser los obstáculos para que los hombres puedan buscar vidas de oración más significativas?

"Los hombres están hechos para hacer cosas. Por lo general estamos más orientados a cumplir tareas y menos orientados a relacionarnos, y la oración es una actividad de relacionamiento que naturalmente parece una pérdida de tiempo. Más allá de esto, existen una gran cantidad de otras fuerzas que militan contra una vida saludable de oración. En primer lugar, está una religiosidad mundana que el Papa Benedicto llamó un 'ateísmo práctico'. Este es un tipo de catolicismo que es meramente una concepción social o un asunto de herencia, pero no del corazón.

"En segundo lugar después de esta religión vacía está la ausencia de enseñanza acerca del infierno y las consecuencias de una vida de ateísmo práctico. Los datos de investigaciones sociales demuestran que la mayoría de los católicos de hoy viven en completa desatención a su fe fuera de la misa, pero luego se presentan alegremente cada domingo a 'comer y beber su propia condena' (véase 1Cor 11, 29), en vez de venir al encuentro del Dios vivo que desea encontrarse con ellos en la eucaristía. Más allá de ello existe el materialismo que les consume tiempo en exceso en el trabajo y luego la gratificación por medio de la televisión, juegos y otros pasatiempos sin sentido después del trabajo. Es así que tenemos hombres débiles y carentes de oración, quienes mediante el pecado y la pereza diluyen su flácida fe y siguen prediciblemente el camino al infierno, mientras arrastran consigo a sus esposas e hijos. Dicho eso, creo que centrarnos en fuerzas externas no es la respuesta. Jesús era un hombre entre hombres. Él se ofreció a sí mismo para ser sacrificado por aquellos que amaba y que vino a redimir. ¿Qué hombre, si es que es un verdadero hombre, puede meditar sobre este perfecto acto de auto entrega y no conmoverse para vivir por algo más allá de sí mismo? Los hombres estamos llamados a ser valientes guerreros de la virtud y la fe, no seguidores afeminados que renuncian a cumplir sus responsabilidades. No habrá excusas en el juicio final, y aquellos hombres a quienes se les ha confiado el cuidado de otros pero que han renunciado a sus responsabilidades, seguramente oirán, *Jamás los conocí; apártense de mí malhechores* (Mateo 7, 22)."

¿Cuál ha sido el impacto de tu vida de oración en tu fe, tu ministerio, tu familia, y tu trabajo?

"Esa es una pregunta difícil de contestar. ¿Cómo contestaría María la pregunta: '¿Cómo le impactó el hecho de que el Dios del universo fuera su hijo?'? ¿Podemos verdaderamente medir estas cosas? Sospecho que sí podemos hacerlo en el sentido de que en la medida que nos acercamos al Señor aumenta nuestra santidad y, dada la gracia del Señor, aumenta nuestra eficacia en cómo podemos servir a otros en el apostolado y en otras obras. Con respecto a estos factores yo sé que mi esposa diría que he crecido en forma significativa en los últimos cinco años y ambos atribuimos este progreso a lo que yo llamaría un relación con Cristo que me cambio la vida. Respecto a la eficacia en el apostolado, las obras en las que he estado involucrado durante la última década están marcadas por un progreso que no puedo atribuir a un mero esfuerzo humano. Lo cierto es que Cristo no se desmiente cuando dice, *Fuera de mí no puedes hacer nada,* y nuevamente mediante San Pablo cuando dice, *Todo lo puedo en Cristo que me fortalece.*"

¿Cuál es tu consejo para un hombre católico con el deseo de desarrollar una vida de oración más rica? ¿Cuáles son las medidas prácticas que un "principiante" en la oración podría seguir para poder empezar?

"Empieza en forma limitada y sencilla. Comprométete a un horario específico y consigue un socio al que le rindas cuentas. La importancia de un socio que te pida cuentas no se puede exagerar. El compromiso con un horario debe ser anotado en tu agenda cada semana *antes* de que agregues cualquier otra cosa. Procura asignar un lugar específico en casa que utilices solamente para la oración y nada más. Hazle saber a tu familia acerca de tu nuevo compromiso y negocia con ellos para cuidar que el lugar y el horario se cumplan sagradamente. Siempre reza cuando estés alerta y no cuando estés cansado. Si no tienes tiempo, primero date cuente de ese tonto auto engaño y, después, en varonil marcha de victoria, procede inmediatamente a tu reloj despertador y pon la alarma para que te despierte media hora antes. Luego compra un libro intitulado: *The Better Part: A Christ-Centered Resource for Personal Prayer [La Mejor Parte: Un Recurso Centrado en Cristo para la Oración Personal]*, y utilízalo para tu hora de oración. Parece una lista sencilla, pero estos pasos básicos van a revolucionar tu vida de oración si perseveras en ellos. No seas un debilucho cobarde respecto a esto. Tu alma depende de ello y también las almas de tu familia.

¿Si le estuvieras hablando a un grupo de hombres católicos, desde adolescentes hasta hombres de la tercera edad, que les dirías acerca de la necesidad vital de la oración en nuestras vidas?

"Yo diría que si es necesario tener una relación con Cristo para estar con Él en el cielo por toda la eternidad, entonces que nuestras mismas almas depende de ella. Santa Teresa de Ávila dice, 'Aquel que descuida la oración mental no necesita a ningún diablo que lo lleve al infierno. Él se lleva allí a sí mismo con sus propias manos.'"

Hermanos, ¡la oración es la clave! Si estamos orando fielmente cada día es menos probable que caigamos bajo el hechizo del mundo. No es tan difícil como podríamos creer. Comencemos el día con oración. Antes de que revisemos el correo electrónico o leamos el periódico matutino, ofrezcamos el día y nuestras cargas a Dios, agradezcámosle y pidámosle su perdón, ayuda y bendición. Integremos la oración en nuestro viaje diario al trabajo y tiempo de ejercicio. Hagamos el examen jesuita diario a lo largo del día. Recemos pidiendo la valentía para resistir las tentaciones y distracciones que el mundo nos ofrece cada día. Tengamos en mente que nosotros deberíamos hacer que nuestros días se conformen a nuestras vidas de oración y no al revés. Planifícalo así y se dará.

Siempre sé cuán mejor me siento después de haber orado. No podemos mantenernos apáticos respecto a Cristo y su Iglesia si estamos conversando con Él en la oración cada día.

Muchos de los hombres católicos que son indiferentes a lo espiritual que he conocido están lidiando con problemas en sus vidas de oración, sin embargo, volcar nuestros pensamientos a Él en oración, agradeciéndole y pidiendo Su ayuda puede ser muy fácil si solo nos rendimos y reconocemos que no lo podemos hacer solos.

Un último asunto. Si queremos criar hijos que se mantendrán fieles a Cristo y a Su Iglesia, necesitan ver a sus padres de rodillas en oración.

PREGUNTAS PARA LA REFLEXIÓN

1. ¿Me siento abrumado por la oración? ¿Dividir mi vida de oración de la manera que el autor sugiere me da el aliento para saber que puedo integrar tiempo significativo de oración a mi vida?

2. ¿Puedo pensar en algunos momentos en los que más necesitaba orar y no lo hice? ¿Qué resultado hubiera tenido si hubiese buscado la ayuda de Cristo o la intercesión de nuestra Santísima Madre?

3. En el Capítulo Uno el tema era los obstáculos que están entre los hombres y Cristo. ¿Puedo honestamente esperar tener una relación con Jesús si nunca hablo con Él?

4. La idea de colocar nuestras vidas de oración en nuestras agendas fue subrayada tanto por el autor como por Dan Burke. De hecho, se me invita a planificar mi oración antes que cualquier otra cosa. ¿Puedo hacerlo? ¿Lo voy a hacer? ¿Quién será mi socio al que le rendiré cuentas?

CAPÍTULO CINCO

¿Por Qué Seguimos Una Brújula Mundana?

> Cuando estoy débil y bajo la influencia de la cultura que me rodea, me inclino a depender de mí mismo en vez de en la fortaleza de Cristo. Mi vida de oración es árida, no me concentro en misa y no agradezco las bendiciones de mi vida.
> — El Autor —

No sé ustedes, pero muy rara vez termino el día sin sentirme un poquito golpeado por las demandas y la influencia negativa penetrante del mundo. Es difícil hallar paz y bloquear el ruido. Me cuesta evitar cometer los mismos pecados veniales una y otra vez. En mi debilidad suelo confiar en mi propia fortaleza en vez de confiar en la de Cristo. Estas son las veces que me siento lo más alejado posible del cielo. ¿Les ha pasado alguna vez?

En esos momentos de reflexión tranquila cuando no hay nadie alrededor, me pregunto si reconocemos ante nosotros mismos (y ante Dios) nuestra frecuente tendencia a seguir ciegamente la brújula mundana ofrecida por el mundo en vez del camino que nos lleva al cielo.

Solamente toma un minuto y piensa en cuántas veces al día nos inducen a desear o comprar algo que no necesitamos debido a un aviso comercial escrito o televisivo. ¿Cuán a menudo permitimos que el trabajo y nuestra búsqueda de la ilusión de una "mejor vida" ofrecida por la cultura moderna nos desvíe de pasar más tiempo valioso en oración, invertido en nuestras familias o en servir a nuestras comunidades? A veces tratamos de llenar el vacío que sentimos por dentro con alcohol, drogas, sexo, yendo de compras, juegos de azar, pornografía o una cantidad de otros "curitas" pecaminosos en vez de buscar las cosas buenas y que llenan de satisfacción que Jesús tiene preparadas para nosotros.

Vuelvo a la imagen de la brújula mundana y cómo nos está alejando del hogar celestial que Dios quiere para nosotros. Si somos honestos, probablemente admitiremos que permitimos que esto ocurra debido a nuestro orgullo, miedo, ignorancia y tibieza. ¿Cómo retornamos al camino correcto?

Primero hagamos una prueba de sentido común para estar claros respecto a los problemas:

- El mundo ofrece *celebridades* para idolatrar—
  La Iglesia ofrece *santos* para seguir.
- El mundo ofrece *ruido*—
  La Iglesia ofrece paz.
- El mundo ofrece *sueños falsos*—
  La Iglesia ofrece la *verdad*.

- El mundo ofrece y celebra el *vicio*—
  La Iglesia ofrece una vida *de virtud*.
- El mundo ofrece *placeres terrenales*—
  La Iglesia ofrece el *cielo eterno*.

Segundo, debemos centrarnos en tomar pasos claros y de acción que cambien nuestro rumbo. Aquí hay cinco sugerencias.

PRACTICA EL DESPRENDIMIENTO

Reflexiona sobre las lecciones del último capítulo del Padre Connor y Tom Peterson. Preguntémonos si de verdad necesitamos "eso," sea lo que fuere "eso." Renunciemos a las cosas materiales que estorban nuestra vida de oración, asistencia a la iglesia, donaciones caritativas, voluntariado y ciertamente nuestra relación con Cristo.

ACÚERDATE QUE LA MISA SE TRATA DE LA EUCARISTÍA

¿Hemos rezado para pedir que seamos dignos de recibir a Jesús? ¿Hemos agradecido a Dios por este don? ¿Hemos rezado para permitir que otros vean a Cristo en nosotros? Reverencia, gratitud, humildad, adoración—estas son las palabras claves para recordar acerca de la misa.

ACUDE A LA RECONCILIACIÓN TAN FRECUENTEMENTE COMO TE SEA POSIBLE

El pecado pesa. Cada pecado que cometemos de pensamiento, palabra u obra se transforma en una carga pesada que llevamos con nosotros. Haz un examen de consciencia completo y honesto. ¿Dónde hemos fallado? Confiesa esos pecados a un sacerdote y se perdonado. Deberíamos acudir con más frecuencia al Sacramento de la Reconciliación para confesar nuestros pecados y comprometernos sinceramente a no tener los mismos pecados que confesar cada vez.

SE VALIENTE

Hombres, ¡nuestras familias están bajo asedio! Ve cualquier cantidad de programas populares de TV y verás que el papel de los padres y esposos es disminuido y ridiculizado. Nuestras esposas e hijos pagarán un precio muy alto si no nos defendemos contra estos estereotipos y somos los líderes que hemos sido llamados a ser en nuestras familias. Podemos, o aceptar las mentiras, o tener el valor de luchar por aquellas personas que amamos. ¿Cuál será?

RECONOCE LA NECESIDAD DE ENTREGARTE DIARIAMENTE Y DE LA CONVERSIÓN CONTINUA

Tal cómo les dije en el Capítulo Dos, aprendí muy pronto en mi peregrinaje de fe que mi entrega a la voluntad de Dios y posterior conversión *no* era un acontecimiento único. Siempre debemos anteponer Su voluntad a la nuestra y experimentar un diario "morir del yo" para que Cristo se haga cargo de nuestras vidas.

PERSIGUE EL CIELO, RECHAZA EL MUNDO

El cielo es nuestro destino final y no este lugar que se llama Tierra. ¿Los que nos critican nos ayudarán a llegar al cielo? ¿Nos respaldarán ellos cuando las cosas se pongan difíciles? No, nos jalarán hacia una forma de vida mundana que deja poco espacio para Dios y en la que el materialismo y la popularidad son los ídolos de moda del día. Hacer lo que es correcto no siempre es fácil, pero a la larga es claramente lo más beneficioso. ¿Por qué no elegiríamos el cielo?

En este ajetreado mundo de hoy casi siempre estamos en movimiento y yendo a algún lugar, ¿pero estamos yendo en la dirección correcta? Nos enfrentaremos con obstáculos que impidan que vivamos nuestra fe, pero debemos ser fuertes y derrotar esos desafíos. Si estamos comprometidos a seguir las seis acciones arriba descritas y la guía en el último capítulo sobre la oración, también consideremos seriamente conseguir la ayuda de amigos confiables a los cuales rendir cuentas y que nos digan la verdad sobre nuestras vidas. Acuérdense que nuestro enemigo y el príncipe de este mundo es el diablo y no se detendrá ante nada para alejarnos de Cristo y nuestro hogar celestial.

San Agustín escribió lo siguiente:

> Antiguamente a los cristianos se les incitaba a renunciar a Cristo; hoy se les enseña a negar a Cristo. Entonces se les obligaba, hoy se les enseña; en ese entonces se usaba la violencia, hoy el engaño; entonces se oían los gritos del enemigo; ahora, cuando merodea, amable e insinuante, es difícil reconocerlo. Todos saben cómo trató de forzar a los cristianos para negar a Cristo: trató de atraerlos hacia si para que renunciaran a Él; pero confesaron a Cristo y fueron coronados por Él. Ahora les enseña a negar a Cristo mediante el engaño, porque no quiere que se den cuenta que él los está alejando de Cristo. (*Comentarios sobre los Salmos 39,1*).

Si esto era así en el siglo quinto, ¿cuánto más veraz será hoy?

Cuando me estaba preparando para empezar el libro y rezando para pedir discernimiento y guía del Espíritu Santo, pensé mucho respecto a este capítulo específico. Volvía siempre a los sacramentos, especialmente la Eucaristía y la Reconciliación, como las piezas que faltan a los hombres católicos que con frecuencia me encuentro que están lidiando con problemas de fe. Con esto en mente, contacté al Padre

Dan Ketter, un sacerdote a quien he respetado y admirado por mucho tiempo por su pasión para compartir la verdad de nuestra fe católica y su trabajo con los ministerios para hombres.

Después de trabajar nueve años en el sector de tecnología de la informática para servicios de salud, el P. Ketter ingresó al seminario para comenzar seis años de formación para el sacerdocio en la Iglesia Católica Romana. Ordenado sacerdote en el 2008, sirvió durante cuatro años como Vicario Parroquial de la Parroquia y escuela de San Judas Apóstol en Sandy Springs, Georgia.

En el verano de 2012 el Arzobispo Wilton Gregory de la Arquidiócesis de Atlanta pidió al P. Ketter que empezara un programa de tres años de estudio en la Universidad Católica de América en Washington, D.C. para obtener la Licenciatura en Derecho Canónico. Una vez que haya completado el programa, retornará a Atlanta donde servirá en el Tribunal Metropolitano de la Arquidiócesis.

Padre Ketter, usted estuvo muy involucrado en el club de hombres de la Iglesia Católica de San Judas Apóstol en Atlanta antes de empezar su curso de estudios de postgrado en Derecho Canónico en la Universidad Católica de América. ¿Ha sido siempre usted un apasionado de ayudar a los hombres católicos a crecer en su fe? ¿Por qué?

"De vez en cuando nos daban un descanso durante el semestre en el seminario que nos daba la oportunidad de ausentarnos por unos cuantos días. En uno de esos descansos unos cuantos de nosotros viajamos a la casa de uno de nuestros compañeros seminaristas cuya familia vivía no muy lejos del seminario. Naturalmente el domingo fuimos todos juntos a misa. Era una hermosa iglesia antigua en un pueblo pintoresco de Nueva Inglaterra. Había bastante asistencia a la misa y el sacerdote predicó una buena homilía. Pero lo que más me llamó la atención de esa experiencia fue que, fuera del sacerdote, todas las otras personas que tuvieron un rol litúrgico en esa misa eran mujeres. El cantor era mujer, los dos lectores eran mujeres, las tres monaguillos eran niñas, cada ministro extraordinario de la Sagrada Comunión—creo que habían cuatro o cinco—era una mujer. Si no hubiera sido tan obvio me hubiera dado la vuelta para mirar hacia la galería del coro y ver si la que tocaba el órgano era una mujer.

"No tiene nada de malo que las mujeres ejerzan esos ministerios, pero no pude menos que preguntarme, ¿dónde diantres están todos los hombres? También me hizo sopesar qué tipo de mensaje una escena como esa envía a los muchachos jóvenes y no tan jóvenes sentados en las bancas. Es muy posible que el mensaje sea, Iglesia/religión y fe son 'cosas de chicas.'

"Aunque algunos no estarán de acuerdo con lo que voy a decir, creo que las mujeres se vinculan más fácilmente con la dimensión espiritual de la realidad. Algo respecto a la manera en que Dios hizo a las mujeres las permite identificarse más prontamente con todo el orden de realidad que existe más allá del mundo material. Pareciera que tienen una especie de intuición espiritual. Por favor, tomen nota que esto no es lo mismo que decir que las mujeres son más espirituales que los hombres. Hablando objetivamente, los hombres y las mujeres son igualmente espirituales—ambos han sido dotados de un alma espiritual por Dios; ambos son conocidos y amados personalmente por Dios; ambos están hechos para estar perfectamente unidos con Dios en el cielo por toda la eternidad. Las mujeres, sin embargo, me parece, tienen algo así como un sentido intuitivo de esto, y el resultado es que ellas están más fácilmente a gusto en entornos espirituales. Quizá esto sea parte del genio femenino del que el Papa San Juan Pablo II escribió durante su pontificado.

"Nuevamente, esto no quiere decir que los hombres sean menos espirituales o menos aptos para cultivar una vida espiritual. Solo quiere decir que ellos necesitan más tiempo para empezar, para seguir adelante y para desarrollar un sentido de confianza y comodidad emprendiendo asuntos espirituales. A la luz de este hecho, no creo que sea útil presentar el tema de fe de exactamente el mismo modo a mujeres y hombres. Lo que apelará a las mujeres no necesariamente apelará a los hombres y vice versa. Creo que los hombres son olvidados con demasiada frecuencia. Presentamos la fe en un formato de 'un tamaño sirve para todos' y pensamos que ya que parece funcionar para muchos deberá servir para todos. Creo que necesitamos mejorar en dar oportunidades para que mujeres y hombres se puedan involucrar y crecer en su fe de modo distinto, caso contrario se los relega a los hombres y luego desinteresarse espiritualmente resulta fácil.

"La Biblia es clara al respecto que los hombres en general, y los esposos y padres en particular, están llamados a ser los líderes espirituales. Y el liderazgo espiritual como Jesús lo definió no es un liderazgo de dominación, poder o control, es más bien un liderazgo de servicio sacrificado. Los hombres no podrán cumplir este papel si se sienten relegados o se desinteresan espiritualmente, y eso es malo para todos en la Iglesia. Por tanto, necesitamos realizar un mejor trabajo al involucrar a los hombres y ayudarlos a reconocer la parte espiritual en ellos, valorarla y cultivarla para que crezca. Como resultado toda la Iglesia se fortalecerá"

¿Cuáles son los problemas mayores que los hombres católicos enfrentan hoy respecto al crecimiento de su vida espiritual?

"Como dije, los hombres no se relacionan con las cosas espirituales tan fácilmente, y el resultado es que ellos pueden sentirse relegados espiritualmente por las mujeres. A los hombres no les gusta sentirse incompetentes en nada y cuando se sienten así lo evitan—una cuestión relacionada con el orgullo, sobre el cual hablo más adelante. Así es que cuando los hombres no se relacionan con su vida espiritual natural o intuitivamente, la dejarán rápidamente si no reciben ayuda. Se sentirán atraídos por cosas con las que más fácilmente pueden relacionarse—cosas concretas, objetivas, cuantificables. Yo creo que es por eso que el deporte y las carreras profesionales atraen tanto a los hombres. Los objetivos son muy claros y es fácil medir qué tan bien uno lo está haciendo. El problema es que nuestra cultura pone en alto este tipo de cosas materiales como los hitos del éxito. Acumular un montón de riqueza, poder y posición social significa que eres exitoso. Así es que los hombres terminan entregando una cantidad excesiva de tiempo y energía a conseguir estas cosas para apuntalar su sensación de valer. Ayudar a los hombres a dar un tipo similar de prioridad a su vida espiritual es un gran desafío. Desplazarse de lo que es concreto y cuantificable a lo que es espiritual e intangible es difícil. El desplazarse de aquello que el mundo valora muchísimo a lo que el mundo valora muy poco es difícil. Necesitamos ayudarles a hacer este cambio y a empezar a entender el valor e importancia de cultivar una vida espiritual robusta. Debemos ayudarles a ver que todas las cosas materiales eventualmente se pasan mientras que todas las cosas espirituales perduran por siempre"

¿Qué es lo que impide que los hombres católicos participen plenamente de la vida sacramental que ofrece la Iglesia? ¿Específicamente la Eucaristía y la Reconciliación?

"El Sacramento de la Reconciliación es el sacramento olvidado (he escuchado decir medio en broma que la Reconciliación es el secreto mejor guardado de la Iglesia). Orgullo y una pobre formación contribuyen a su descuido. Como hombres tenemos la tendencia a ser muy orgullosos, y el orgullos es posiblemente el mayor obstáculo para aprovechar el Sacramento de la Reconciliación. Confesar a otro ser humano todas las maneras en que uno fracasó exige renunciar al orgullo, y para los hombres esto no es nada fácil.

(No es nada fácil para *nadie*, especialmente para los hombres). ¿Quién quiere reconocer todas sus fallas, peor aún contarlas a otra persona? El orgullo le provee al hombre cien excusas para no tener que ir a la Reconciliación. El antídoto para el vicio del orgullo es, por supuesto, la virtud de la humildad. Los hombres además evitan la Reconciliación porque, como varios de nuestros pontífices han señalado, hemos perdido el sentido del pecado. Los católicos en general, y los hombres católicos en particular, no entienden la gravedad del pecado y por tanto la importancia de evitarlo a cualquier precio y de confesarlo cuando lo cometemos. Cuando un hombre empieza a entender la seriedad del pecado y lo que hace a su alma, a su relación con Dios, y a la comunidad humana, él recién empieza a apreciar el valor de la Reconciliación.

"Existe un problema similar con la Eucaristía pero tiene un efecto diferente. La similitud está en la deficiencia de formación y catequesis. Muchos hombres no entienden ni aprecian plenamente el increíble don que Jesús nos ha regalado en la Eucaristía. No entienden qué es lo que significa recibir la Eucaristía y cómo prepararse debidamente para recibirla. El resultado de esta catequesis pobre, de esta pobre formación eucarística, es que muchos, muchos hombres se acercan a la Eucaristía mal dispuestos para recibir a nuestro Señor. Se nos ofrece la misma cantidad de gracia cada vez que recibimos la Eucaristía, pero cuánta cantidad de esa gracia aprovechamos en verdad depende de cuán bien predispuestos estamos para recibirla. La solución, por lo menos parcial, es una mejor formación Eucarística. Debemos ayudar a los hombres a entender mejor la verdad acerca de la Eucaristía y el increíble regalo que resulta ser—y las demandas que nos impone.

"No es coincidencia que estos dos sacramentos vayan juntos. Cuanto más un hombre se vale del sacramento de la Reconciliación mejor dispuesto estará para recibir las gracias de la Eucaristía. A mayor cantidad de gracias que recibe en la Eucaristía, más crecerá en el conocimiento de sí mismo. Cuánto más crece en el conocimiento de sí mismo, tanto más llegará a reconocer sus pecados y su necesidad de la misericordia y perdón de Dios, lo cual hará que siga volviendo a la Reconciliación."

¿Cuáles son los frutos de una vida sacramental, especialmente para los hombres católicos?

"¡Gracia! Gracia es la mismísima vida de Dios, el mismísimo poder de Dios dentro de nosotros. La vocación de ser padre y esposo es difícil. Ser un hombre católico en el mundo de hoy es difícil. Contando con nuestra propia fortaleza estamos destinados a fracasar. Con el poder de Dios, que nos viene a través de la gracia de los sacramentos, podemos salir victoriosos."

Si usted estuviera dirigiéndose a un grupo de hombres católicos en este mismo momento, ¿de qué les hablaría respecto a prioridades? ¿La clase de ejemplo que deben dar a otros? ¿Qué es lo que la Iglesia les ofrece para ayudarlos en su peregrinaje?

"Busquen primero el Reino de Dios y su justicia, y todas esas cosas se les darán por añadidura (Mateo 6,33). Pero alguien podrá preguntar, '¿dónde está el Reino de Dios?'

"El Reino de Dios no es un lugar o una cosa sino una persona—Jesucristo. Jesús es el Reino de Dios en la forma de carne humana. Él es al que debemos buscar. Los hombres deben hacer de Él la más alta prioridad en sus vidas. Hacer esto no hará que otras personas y otras cosas en su vida resulten descuidadas. Más bien, hacer de Jesús la más alta prioridad ayudará a los hombres a apreciar el verdadero valor de esas personas y las cosas. Nos resistimos a comprometernos totalmente a Jesús porque tenemos miedo de lo que podríamos perder. La única manera en que perdemos es no entregándonos por completo a Él. Me acuerdo lo que el Papa Emérito Benedicto XVI dijo en la santa misa inaugural de su pontificado en 2005:

"*Si permitimos que Cristo ingrese en nuestras vidas, no perdemos nada, nada, absolutamente nada de lo que hace que la vida sea libre, hermosa y grande. ¡No! Únicamente en esta amistad es que las puertas de la vida se abren de par en par. Solamente en esta amistad se revela verdaderamente el gran potencial de la existencia humana. Solamente en esta amistad es que experimentamos belleza y liberación.*

"Lo que Jesús ofrece a los hombres es ni más ni menos que Él mismo. Jesús se da a Sí mismo completamente a aquellos que dicen sí a su invitación a ser amigos.

> Jesús, *que vino para que tengamos vida y la tengamos en abundancia* (Juan 10, 10), hace que los hombres experimenten la vida abundante para la cual fueron creados y por la cual anhelan sus corazones. Pero para que eso ocurra ellos deben hacer de Él la más alta prioridad en sus vidas."

La opción es sencilla: el cielo o este mundo. Podemos pasar nuestro tiempo pensando, hablando y trabajando con nuestra mente centrada en nuestro hogar celestial o desperdiciando nuestras energías persiguiendo los placeres temporales de este mundo. En el fondo de nuestros corazones debemos darnos cuenta que la "brújula mundana" no nos está llevando por el camino correcto. Oración, desprendimiento, valentía, entrega, conversión, la Eucaristía y Reconciliación son las armas a disposición nuestra para luchar contra la cultura mundana y abrazar el cielo. ¿Las estamos usando?

Si no las estás utilizando, empieza ahora. Una gran ayuda sería que te *registres* en tu parroquia y hagas una cita para ir y conocer al párroco. Siéntate y habla con él. Haz el esfuerzo de llegar a conocerlo y ayúdale a que te conozca a ti y a tu familia. Todo lo que tienes que decir es, "Padre, me gustaría vivir una vida intencionalmente más católica, ¿me puede ayudar?" ¡Esto rendirá inmensos dividendos!

PREGUNTAS PARA LA REFLEXIÓN

1. Mientras reflexiono sobre este capítulo, ¿he caído en la trampa de seguir la "brújula mundana"? ¿Puedo pensar en períodos específicos de mi vida en los que hice eso?

2. Uno de los temas claves de este libro es ser una voz de alerta para los hombres acerca de buscar el cielo y no este mundo. ¿Tomo decisiones a diario a través del filtro de lo que me ayudará a llegar al cielo o me centro más en lo que hará más agradable mi corta estadía en la tierra?

3. El Padre Ketter describe la Reconciliación como "el sacramento olvidado." Habiendo leído su ideas y habiendo revisado la enseñanza de la Iglesia, ¿acudo a la Reconciliación con la frecuencia con la que debería? ¿Qué me lo impide?

4. El Padre Ketter deja en claro que, basado en la Biblia, los hombres están llamados a ser los líderes espirituales en sus casas. ¿Soy yo el líder espiritual en mi casa? ¿Hago que el hecho de asistir a misa, a la confesión, y el simplemente ser católico sea atractivo e invite a mis seres queridos a hacerlo? ¿Quiero que ellos sigan el ejemplo que estoy dando actualmente?

CAPÍTULO SEIS

Apoyarnos en Nuestros Hermanos en Cristo

Fue necesario que me rindiera a Cristo y soltara mi anterior forma de ser, emocionalmente aislada, para reconocer cuanto necesitaba tener hermanos católicos en mi vida.
— Autor —

"Soy una piedra. Soy una isla." Estas palabras de una vieja canción de Simon y Garfunkel resumen como veía la necesidad de amistades estrechas durante la mayor parte de mi vida. La terquedad y el orgullo que me llevaron a abandonar la Iglesia Bautista cuando era adolescente se habían manifestado como una formidable pared alrededor de mi corazón y una necesidad refleja de mantener a otras personas a distancia emocionalmente. Yo era auto-suficiente y pensaba que lo tenía todo bajo control puesto que estaba desarrollando mi carrera después de recibirme de la universidad y estaba enfocado en el trabajo y casi nada más. Entonces conocí a mi esposa cuando estaba por cumplir los treinta años y la pared alrededor de mi corazón empezó a desmoronarse cuando empecé a compartir mi vida con alguien a quien amaba.

A pesar de que estos eran mis años pre-católicos en el yermo espiritual, todavía puedo mirar hacia atrás y ver que mi matrimonio y el amor perdurable por mi esposa fueron los primeros pasos en los esfuerzos de Dios por traerme de vuelta a una relación con Él. Cuando cada uno de mis hijos nació, la pared alrededor de mi corazón se erosionó aún más y siguió desmoronándose en forma constante hasta el otoño de 2005 cuando experimenté una profunda conversión a Cristo. He escrito extensamente acerca de mi conversión a la Iglesia Católica en mi segundo libro, *'Along the Way: Lessons for An Authentic Journey of Faith'* [En el Camino: Lecciones para un Peregrinaje de Fe Auténtico], y no voy a extenderme más sobre ella aquí. Lo que sí es importante reconocer es que llegué al momento cuando la pared alrededor de mi corazón casi no existía después de años de que el Espíritu Santo y mi amor incondicional por mi familia estuvieron trabajando sobre mi persona. Me rendí a Cristo y dejé de tratar de competir con Él por el control. Renuncié a todo por Él y recibí a cambio todo lo que necesitaba (no necesariamente lo que yo hubiera querido). Pasé de decir no a Dios por más de dos décadas a decir sí, y eso ha tenido un impacto increíble en mi vida y mi familia.

Entonces, ¿qué tiene que ver todo esto con la amistad?

Después que me entregué a Cristo y comencé con el Rito de Iniciación Cristiana para Adultos (RICA) para ingresar a la Iglesia Católica en la Fiesta de Cristo Rey en 2006, empecé a sentir la necesidad de hacer amistad con otros hombres católicos y el deseo de poner fin a mi solitario exilio autoimpuesto. Busqué a esposos, padres y hombres de negocios en mi comunidad parroquial a quienes pudiera acudir en pos de ayuda y a quienes, a mi vez, pudiera también ayudar. Fue necesario que me rindiera a Cristo y que soltara mi anterior forma de ser emocionalmente aislada para reconocer cuánto necesitaba tener hermanos católicos en mi vida. Mi rendición procedió de la humildad y del reconocimiento de que yo no era auto suficiente. Que necesitaba a personas fuera de mi familia inmediata que me ayudaran y me alentaran en el viaje que tenía delante de mí.

También necesitaba un grupo de amigos que fueran brutalmente honestos conmigo y que me ayudaran a mantenerme en el camino correcto.

En 2007 formé un grupo de hombres de negocios católicos con la ayuda del Diácono Mike Bickerstaff. La meta era juntarnos una vez al mes con hombres católicos con intereses similares de la comunidad de negocios de Atlanta que quisieran integrar mejor su fe con su trabajo. Muchos de esos hombres aún están en el grupo y hemos agregado a otros a lo largo de los años. Nos reunimos para rezar, una reflexión bíblica, y discutimos temas relevantes al hecho de vivir nuestra fe en el trabajo y en el foro público. El grupo a menudo realiza proyectos de servicio donde involucramos a nuestras familias. También sostenemos pláticas muy francas y abiertas que están basadas en la confianza y el saber que mantendremos en reserva estas conversaciones y que no nos juzgaremos el uno al otro. Valoro estas conversaciones más de lo que pudiera expresar mediante la palabra escrita.

Este grupo de hombres es mi fundamento de roca firme. Puedo contar con ellos y ellos, a su vez, pueden contar conmigo. Recibo honestidad, aliento, apoyo, de vez en cuando una bien merecida patada en la canilla de estos grandes hombres. Son mis hermanos en Cristo y estoy agradecido por ellos. La Iglesia, parroquias y muchas otras organizaciones ofrecen un buen número de opciones para hombres católicos en búsqueda de amistad y hermandad. Una de estas organizaciones es los Caballeros de Colón. Soy un Caballero de Segundo Grado inactivo, fundamentalmente debido al calendario en las noches de la semana de mis hijos y sus actividades, pero me encanta la misión de los Caballeros de Colón y todo lo que representan. Debido a mi admiración por los Caballeros me puse en contacto con Brian Caulfield para conocer su pensamiento respecto a la importancia de la amistad y de la hermandad para los hombres católicos.

Brian es el editor del sitio web FathersforGood.org, patrocinado por el Consejo Supremo de los Caballeros de Colón y es un especialista en comunicaciones de la Oficina del Caballero Supremo en New Haven, Connecticut. Desde diciembre del 2011 también ha fungido como Vice Postulador de la Causa para la Canonización del Padre Michael McGivney, el fundador de los Caballeros de Colón, quien tiene el título de Venerable. Brian fue el editor del libro *'Man to Man, Dad to Dad: Catholic Faith and Fatherhood'* [Hombre a Hombre, Padre a Padre: La Fe Católica y la Paternidad] (Pauline, 2013).

Brian, he admirado durante mucho tiempo el maravilloso trabajo del ministerio que realizas para los hombres católicos a través de tu trabajo con los Caballeros de Colón y su sitio web FathersforGood.org. Me gustaría captar lo que piensas sobre la necesidad de compañerismo y aliento entre hombres católicos. ¿Por qué esto es tan importante?

"Los hombres se enfrentan a una serie de retos en la cultura de hoy pero los más fundamentales involucran cuestionamientos sobre la misma naturaleza de la virilidad y la masculinidad. Durante décadas los hombres, especialmente los padres, han sido retratados en los medios de comunicación social populares como unos seres tontos y hasta peligrosos. En la televisión y en las películas si papá no está siendo dirigido por su sabia esposa o siendo engañado por sus hijos sabelotodo, entonces es probable que sea un tenorio macho o incluso un abusador. Generalizo, por supuesto, pero hay una tendencia definida en esta dirección.

Añade a esto el hecho de que durante estas mismas décadas ha habido un incremento en el número de hogares rotos y de niños que han perdido el contacto con su padre divorciado, y tienes una crisis de hombría y de paternidad.

"Así es que, sí, los hombres tienen una necesidad especial hoy en día para relacionarse en hermandad con otros hombres. Necesitan ser tratados como hijos y que alguien sea su mentor, tienen que sentirse cómodos en su masculinidad entre otros hombres y ser aceptados por ellos. Por supuesto, esta es una de las metas de la organización para la que trabajo, los Caballeros de Colón, pero hay otros movimientos y grupos a los que pueden recurrir los hombres."

¿Cuáles son los obstáculos que impiden a los hombres católicos buscar contar con el apoyo y ayuda de otros en la búsqueda de la excelencia en nuestra fe, en el hogar y en el trabajo?

"Bueno existe un factor de confianza. Los varones son famosos por no estar cómodos al 'compartir,' al menos a un nivel emocional. Pero hay muchas actividades varoniles que unen a los hombres—ver deportes, jugar un deporte, hablar sobre automóviles, herramientas y dispositivos. Pero, si el hombre está casado, mucho de su tiempo está centrado en la vida familiar porque se espera que el hombre haga su parte justa de las tareas de la casa y el cuidado de los niños. Esto es una cosa buena porque da apoyo al vínculo más importante entre un hombre y su esposa. Pero también desalienta el tipo de relaciones y el compartir de hombre a hombre que es saludable para el desarrollo masculino. Creo que la respuesta es que el esposo y la esposa hablen respecto a la necesidad del varón de ponerse en contacto y relacionarse con otros hombres para ser un mejor esposo y padre, y la necesidad que tiene un varón de dirigir como jefe espiritual de la familia, como un trabajador dinámico y el sostén de la familia, así como alguien con autoridad con los niños.

Puede que esté equivocado, pero creo que si el esposo y su esposa tienen una plática honesta y de mutua confianza, podrán lograr el equilibrio saludable que es tan vital en un matrimonio."

Para el hombre católico tímido o nervioso que está interesado en conectarse con otros hermanos católicos en su parroquia, pero no está seguro de cómo hacerlo, ¿cuál sería tu consejo?

"Aún los hombres tímidos pueden hacer voluntariado, presentarse y hacer el trabajo. Los hombres se relacionan trabajando juntos, probándose, apoyándose, y si un varón tímido trabaja fuerte y es confiable, será aceptado."

¿Podrías darnos un ejemplo de tu propia vida o de la vida de otra persona que tú conozcas en la que el impacto de la fraternidad católica imprimió una diferencia importante?

"En mi experiencia con los Caballeros de Colón he visto la fe y la fraternidad en acción. Quizás el ejemplo más notable puede verse después del 9/11, cuando el país estaba tambaleando por la conmoción y el horror a raíz de los ataques terroristas que cobraron tantas vidas. Los Caballeros respondieron unos cuantos días después con el Fondo de los Héroes, que proporcionó en forma inmediata tres mil dólares de recursos de emergencia a las familias de los bomberos y oficiales de policía caídos, los primeros en responder y que fueron a su muerte por salvar las vidas de otros. Los cheques fueron entregados a las viudas personalmente por los agentes de seguros de los Caballeros de Colón. No importaba si el héroe fallecido era un Caballero o siquiera un católico. En muchísimos casos, este dinero fue el primer alivio tangible para esas familias en una situación trágica. Fue un gran ejemplo de lo que la fraternidad católica puede hacer."

Amistad, hermandad, compañerismo, relacionamiento varonil, responsabilidad, oración, desarrollo espiritual, servicio, estás son las palabras que me vienen a la mente cuando pienso en cuán importante ha sido para mí tener otros hombres católicos en mi vida. ¿Qué tal tú? Tantísimos otros hombres que conozco y respeto son mucho mejores que yo para encarnar este ideal de hermandad católica, y estoy agradecido por su ejemplo. Pero he observado que otros luchan con este concepto. No participan en eventos con base en la parroquia o reuniones, no se integran a los grupos centrados en hombres que están disponibles para ellos. En realidad, raramente se los ve aparte de la misa semanal. ¿Por qué?

He podido agrupar unas cuantas ideas perspicaces de algunos de los hombres que llegué a conocer y también sencillamente mediante la observación. Esto es lo que he aprendido.

UNOS CUANTOS HOMBRES ASEVERARON QUE NO SINTIERON QUE LOS GRUPOS LES DIERAN LA BIENVENIDA

Esta es una preocupación legítima. Aquellos de nosotros que ya pertenecemos a grupos u organizaciones tenemos una obligación absoluta de hacer que cualquiera se sienta bienvenido, sin duda.

ALGUNOS HOMBRES SON SENCILLAMENTE TÍMIDOS E INTROVERTIDOS

Justo. Quizá el modo de dar el primer paso sea el de presentarse como voluntario para un proyecto de servicio de la parroquia. Como nos dijera Brian Caulfield, presentarse y ayudar puede lograr una rápida aceptación de los otros hombres. No necesita ser el alma de la fiesta para participar, solo intente estar cómodo con sus hermanos católicos.

"ESTOY OCUPADO Y NO TENGO TIEMPO"
Oigo esto a menudo. Todos tienen una situación diferente, pero pregúntate si no sientes que le falta algo a tu vida. ¿No tienes alguna vez el deseo de hablar con otros hombres que tienen pasados y experiencias similares? ¿No estamos utilizando a nuestras familias como una excusa? A veces yo soy culpable de eso, pero procuro llevar a mis hijos a proyectos de servicio toda vez que es posible y esto ha sido un buen arreglo.

"MIS NOCHES SON PARA MI FAMILIA"
Grandioso, también lo son las mías. Todos entendemos, especialmente si nuestros hijos son menores de dieciocho años. ¿Por qué no enfocarnos en reuniones de desayuno o almuerzo? Hay bastantes grupos de estudio de la Biblia y de oración de hombres que se reúnen en esos horarios. Por lo menos haz un intento de conocer a otros feligreses y reunirte con ellos individualmente. Solo haz el esfuerzo y los beneficios serán tremendos.

La mayor objeción que escuché fue, "No veo para que sirve." Si esta es tu postura respecto a la idea de la hermandad católica, permíteme refutarte un poquito. ¿Está tu vida de fe donde quieres que esté? ¿Cómo anda tu vida de oración? ¿Sigues creciendo como hombre católico? Y si es así, ¿quiénes son las personas que te inspiran? ¿No sería un alivio poder hablar respecto a tus retos y dificultades con otros hombres que te entiendan y que puedan darte consejos sanos? ¿Tienes todo el aliento y oraciones que pudieses querer? ¿Tus relaciones actuales te están ayudando—o impidiéndote—avanzar en tu peregrinaje hacia la santidad y tu relación con Jesús? Creo que ya entendiste. Los hombres necesitan a otros hombres. *El hierro se aguza con hierro, el hombre, en contacto con su prójimo.* (Proverbios 27, 17).

¿Qué tal si Jesús hubiera venido al mundo y nunca hubiera escogido a los apóstoles? ¿Quién hubiera realizado la evangelización del mundo después de la Ascensión? ¿Quién hubiera reclutado otros hombres para reemplazarlos? Se nos llama a la santidad, se nos llama a la evangelización y estamos hechos para el cielo. El peregrinaje será mucho más agradable y fructífero en la compañía de nuestros hermanos.

PREGUNTAS PARA LA REFLEXIÓN

1. ¿Conozco a otros hombres de mi parroquia o de la comunidad católica más amplia? Si es así, ¿cuánto tiempo paso con ellos?

2. ¿Puedo aceptar la idea de que pertenecer a un grupo para hombres de mi parroquia u otra organización católica puede enriquecer mi fe, mi vida de oración y ayudarme a desarrollarme como hombre? ¿Qué me está haciendo vacilar?

3. El autor escribió sobre la importancia de ayudarnos a ser responsables entre hombres. ¿A quién le respondo sobre mi vida de oración, mi vida espiritual y mi vida familiar? ¿Quién me reta a crecer y mejorar?

4. Brian Caulfield nos habló de la importancia de tener un diálogo franco con nuestras esposas sobre la necesidad de un tiempo razonable y libre

de culpabilidad para relacionarnos con otros hombres. ¿He tenido esta discusión con mi esposa (si estoy casado)? Si no, ¿estoy dispuesto a tenerla?

PARTE II

LA FAMILIA

CAPÍTULO SIETE

Sobre el Matrimonio, el Liderazgo y el Honrar a Nuestras Esposas

> Honrar a nuestras esposas, que no es sorprendente que sea una de las mejores cosas que podemos hacer por nuestros hijos, exige que desaceleremos, prestemos atención, escuchemos y estemos verdaderamente presentes.
> — Joel Schmidt —

El matrimonio está en problemas en todas partes, especialmente en nuestro país en el que más de la mitad de los matrimonios terminan en divorcio. Nuestra cultura, tan influida por Hollywood y el materialismo, se ha impuesto la tarea de crear una sociedad que ya no valora el matrimonio y la familia, a cambio de una que glorifica el egoísmo, la codicia y nos ofrece ídolos falsos para adorar en vez de adorar a Dios. Como autor y conferencista yo intento convencer a la gente con obras inspiradas en Cristo, que les ayuden a vivir vidas católicas auténticas e integradas. Muchos de nosotros estamos llamados a otros roles en el mundo que exigen gran valentía y esfuerzo, pero yo sugiero que nada hará más para fortalecer el matrimonio y la familia que hombres que tengan el valor de rechazar la cultura que los rodea y aceptar sus papeles como esposos amorosos, padres llenos de fe y líderes en nuestros hogares.

¿Será posible que el matrimonio y la familia estén perdiendo su valor a los ojos de la próxima generación porque nuestros jóvenes no ven suficiente número de ejemplos alternativos de matrimonios exitosos y familias centradas en Cristo? Si verdaderamente ofreciéramos esta alternativa y lucháramos para vivirla, defenderla y promoverla, podría darse un resurgimiento de matrimonios exitosos, nacerían más niños y parroquias abarrotadas de familias católicas fieles. ¿Qué se necesitará? Los hombres deben liderar.

Todo lo que aprendiste en la sección acerca de la Fe en este libro te ha preparado para lo que estás por leer. Hombres, debemos rechazar las mentiras de la cultura, renunciar a nuestros ídolos, deshacernos de los obstáculos entre nosotros y Cristo, orar fielmente, y aceptar el llamado a la santidad que recibimos en nuestro bautismo. No estamos aquí para consentirnos en un mundo de relativismo moral y placer personal, sino más bien para crear hogares centrados en Cristo, criar a nuestros hijos para amar a Dios, y ayudarnos mutuamente a lograr el cielo.

¿Te sientes abrumado? Esto es mucho pedir y esa sería una respuesta entendible. Sin embargo, la alternativa es una mayor desintegración del matrimonio y la familia—y las próximas víctimas podríamos ser nosotros mismos si descuidamos nuestras responsabilidades. ¿Hay alguien que nos pueda ayudar? No miremos más allá de nuestras propias esposas.

La primera vez que vi a mi esposa más de veinte años atrás supe que ella era la indicada para mí. Era una sensación rara de agitación, nerviosismo, certeza y paz todas mezcladas juntas. A medida que han pasado los años y hemos enfrentado la montaña rusa que es la vida juntos, todavía siento esa misma emoción de tiempo en tiempo. He sido bendecido y agradezco a Dios por colocarla en mi vida. No tenemos un matrimonio perfecto (¿y quién lo tiene?), pero tenemos un matrimonio exitoso y el fruto de ello se puede ver en nuestros hijos, en el hecho que seguimos queriéndonos tanto como nos queríamos en nuestra juventud y en nuestro hogar lleno de fe que hemos construido juntos.

Mi esposa y yo somos un equipo y entendemos que nuestra vocación como padres es lograr que nosotros y nuestros hijos vayamos al cielo. También entendemos nuestros roles y sabemos de qué es responsable cada uno de nosotros para conseguir las metas de nuestra familia. Mi esposa me reta y me ayuda a crecer como hombre, esposo, padre y muy ciertamente en mi vida espiritual como católico. Mantiene a raya mi orgullo y ego, me recuerda cuando me desvío, y su fe silenciosa y apasionada me inspira. De hecho fue el interés de mi esposa en la Iglesia Católica en el 2005 el que fue un catalizador crítico para que nuestra familia ingresara a la Iglesia un año más tarde.

¿Por qué el matrimonio es tan importante? El Catecismo de la Iglesia Católica nos enseña que el Sacramento del Matrimonio es una "alianza," un "consorcio," y que "está ordenado al bien de los cónyuges" (1601). Aprendemos además que "la comunidad íntima de vida y amor que constituye el estado matrimonial ha sido establecida por el Creador y dotada por él de sus propias normas apropiadas ... Dios mismo es el autor del matrimonio" [GS 48, no.1]. "La vocación al matrimonio se inscribe en la naturaleza misma del hombre y de la mujer, según salieron de la mano del Creador" (1603). Entendemos que "el hombre es creado en la imagen y semejanza de Dios que es amor [Ver. Gen 1, 27; 1 Jn 4, 8.16]. Habiéndolos creado hombre y mujer, su amor mutuo se convierte en imagen del amor absoluto e indefectible con que Dios ama al hombre. Este amor es bueno, muy bueno a los ojos del Creador" (1604).

Más importante aún el Catecismo declara: "La Sagrada Escritura afirma que el hombre y la mujer fueron creados el uno para el otro. 'No es bueno que el hombre esté solo' [Gen 2, 18]. La mujer 'carne de su carne', su igual, la criatura más semejante al hombre, le es dada por Dios como 'auxilio', representando así a Dios que es nuestro 'auxilio' [Gen 2:18–25]. 'Por eso deja el hombre a su padre y a su madre y se une a su mujer, y se hacen una sola carne' [Gen 2:24]. Que esto significa una unión indefectible de sus dos vidas, el Señor mismo lo muestra recordando cual fue 'en el principio' el plan del Creador. 'De manera que ya no son dos sino una sola carne'" (1605).

Lo que podemos cosechar de esto es muy importante. Dios nos ha dado nuestras esposas a nosotros y nosotros a nuestras esposas para ayudarnos mutuamente en nuestras relaciones con Él y nuestro peregrinaje al cielo. Consideremos unas cuantas preguntas importantes:

- ¿Verdaderamente vemos a nuestras esposas bajo esta luz? ¿Buscamos activamente su ayuda?
- Si se les preguntara, ¿nuestras esposas se describirían a ellas mismas como nuestras "socias" en la vida?

- ¿Qué nos impide buscar o aceptar esta ayuda? ¿Es orgullo? ¿Ego? ¿El no entender el rol de nuestras esposas? ¿El no entender el rol que nosotros desempeñamos?
- ¿Amamos a nuestras esposas y las tratamos como un don de Dios?
- ¿Nuestros hijos y amigos nos miran y ven en nosotros el ejemplo de un matrimonio amoroso y lleno de fe centrado en Cristo?

Mientras sopesamos estos cuestionamientos condenatorios y nuestras respuestas, veamos también ideas y acciones prácticas para encontrar cuál sería la mejor forma de ser los líderes que estamos llamados a ser, honrar a nuestras esposas y tener matrimonios bendecidos.

1. SER AGRADECIDOS CON DIOS, GRATITUD A NUESTRAS ESPOSAS. Es muy fácil dar por sentado a nuestros seres queridos, especialmente a nuestras esposas. ¿Agradecemos a nuestras esposas por todo lo que hacen por nosotros y lo que significan para nosotros? ¿Nuestros hijos saben cuánto amamos, honramos y apreciamos a nuestras esposas y los estamos motivando a hacer lo mismo algún día con sus familias? ¿Agradecemos a Dios cada día por darnos el don de nuestras esposas? "El auténtico amor conyugal presupone y exige que un hombre tenga un profundo respeto por la igual dignidad de su esposa: 'No eres su amo . . . sino su esposo; ella no te fue dada como esclava, sino como esposa' . . . Corresponde sus atenciones hacia ti y se agradecido por su amor" (Papa San Juan Pablo II, *Familiaris Consortio*).

2. Poner en orden nuestras prioridades. Cristo primero, familia segundo, trabajo tercero. Si Cristo no es el primero en nuestras vidas entonces estamos perdidos. Una de las razones del fracaso de la familia es que perdemos mucho tiempo compitiendo con Él para tomar el control. He vivido esa vida por más de veinte años y no fue hasta que puse de lado mi orgullo y me rendí a Cristo en el 2005 que empecé a entender que no podía amar plenamente a mi esposa e hijos del modo que se merecen hasta que reconociera a Cristo como el primero en mi vida. "Hoy día ya no podemos ser cristianos como una simple consecuencia del hecho que vivimos en una sociedad que tiene raíces cristianas: aún aquellas personas nacidas en una familia cristiana y formadas en la fe, deben día a día, renovar la opción de ser cristianos, de dar a Dios el primer lugar, ante las tentaciones continuamente sugeridas por una cultura mundana, ante la crítica de muchos de nuestros contemporáneos" (Papa Benedicto XVI, Audiencia del miércoles 13 de febrero 2013).

3. Ver al matrimonio como un apostolado y una misión bendita. "Las parejas cristianas deberían estar conscientes de que están llamadas a santificarse y a santificar a otros, que están llamadas a ser apóstoles y que su primer apostolado es el hogar. Deberían entender que el fundar una familia, educar a sus hijos y ejercer una influencia cristiana en la sociedad son tareas sobrenaturales. La efectividad y el éxito en su vida—su felicidad—depende en gran medida de su consciencia de su misión específica" (San Josemaría Escrivá, *Conversaciones con San Josemaría Escrivá,* Scepter Publishers, 2008, 91).

4. Ser los líderes espirituales en nuestros hogares. Esto no es una competencia. Con demasiada frecuencia los hombres

se sientan en el banco de suplentes o como espectadores y las esposas asumen este papel mientras nosotros permanecemos desinteresados e indiferentes. Nuevamente, deberíamos dar gracias a Dios por nuestras esposas, pero *nosotros* estamos llamados a ser los líderes espirituales y no solamente a vernos en el limitado papel de proveedores de recursos económicos. Acuérdense lo que el Padre Ketter nos comentó en el Capítulo Cinco: "La Sagrada Escritura deja en claro que los hombres en general y los padres y esposos en particular deben ser los líderes espirituales. Y el liderazgo espiritual tal como lo definió Jesús no es un liderazgo de dominio, poder o control, sino un liderazgo de servicio sacrificado." El impacto positivo sobre nuestros matrimonios y en la vida de fe de nuestros hijos es invaluable.

Del mismo modo que la evangelización de otros solo se puede lograr mediante un compartir sincero y alegre del Evangelio y dando un buen ejemplo, el hacer más atrayente el matrimonio solo se logrará cuando el mundo vea el ejemplo de más hombres y mujeres comprometidos al amor, al desinterés, a la humildad, al sacrificio, a la valentía y a la devoción a Cristo. Me parece que uno de los legados más importantes y duraderos que mi esposa y yo podemos dejar a nuestros hijos y al resto del mundo es un ejemplo de un exitoso matrimonio centrado en Cristo. Una pareja católica ejemplar que he respetado y admirado por mucho tiempo son Joel y Lisa Schmidt. Estaba sumamente interesado en entrevistar a Joel para este capítulo debido al ejemplo que él da para otros hombres católicos y los excelentes consejos que él y su esposa comparten en su sitio web, *ThePracticingCatholic.com*.

Joel, gracias por darte el tiempo de ser entrevistado para mi nuevo libro. Para los lectores que no te conocen, ¿podrías darnos una breve reseña biográfica?

"Por supuesto. Lisa y yo hemos estado casados durante nueve años y tenemos tres hijos, hasta ahora: Lucy, cinco años; Jude, casi dos años; y Lydia, un mes. Estoy en el último año de formación para el diaconado permanente, y está programado que sea ordenado en agosto del 2014. También estamos desarrollando un ministerio conjuntamente con nuestra diócesis para proveer apoyo a las parejas que han experimentado un aborto no provocado, el parto de feto muerto y la pérdida de un bebé. Además, escribimos para varios sitios web incluyendo el nuestro, ThePracticingCatholic.com [ElCatólicoPracticante.com], que es nuestro blog personal acerca de cómo vivir una vida católica llena de alegría. Finalmente, damos conferencias a grupos católicos, fundamentalmente sobre la espiritualidad familiar y matrimonial. Profesionalmente, tengo un doctorado en bioquímica y trabajo como investigador científico."

Joel, por mucho tiempo he respetado la manera en la que tú y Lisa viven sus vidas, y su matrimonio es un gran ejemplo para todos nosotros. ¿Cuál es la clave de un matrimonio católico feliz?

"Permanencia. '¿Se amarán y honrarán como marido y mujer por el resto de sus vidas?' En la liturgia del matrimonio de hecho se tiene que prometer hacer aquello. No se ingresa al matrimonio con condiciones.

La pareja que fueron nuestros padrinos hizo un excelente trabajo al remachar ese punto durante nuestra preparación matrimonial. Nos dijeron que la cosa primordial que mantendrá una pareja junta, y que en última instancia hará que un matrimonio sea exitoso, no es el amor; es el compromiso. Habrá días en los que no se sentirán muy amorosos entre sí, lo cual es natural; los sentimientos van y vienen. En una ocasión, otros amigos nos dijeron, 'No importa qué es lo que esté pasando, no importa sobre qué estemos discutiendo, nuestro matrimonio nunca se pone en tela de juicio. Eso está más que entendido'.

"El significado de 'en las buenas y las malas' es difícil de entender sin comprender que el matrimonio es un sacramento. No tiene ningún sentido juntar dos personas egoístas, heridas, pecadoras y esperar que sigan juntas por siempre, así es que tiene que haber algo más que esté en juego. La gracia de Dios vertida a través del Sacramento de Matrimonio puede transformar a esas dos personas que estaban interesadas en auto servirse en personas que estén dispuestas a sacrificarse por el otro. El esposo y la esposa tienen que estar dispuestos a vaciarse de sí mismos para el bien del otro. Exige verdadero valor ser lo suficientemente vulnerable como para no guardarse nada, lo cual solo es posible si uno sabe que la otra persona no se retirará de la relación al menor atisbo de problemas. Uno tiene que saber que será amado aun cuando haya cometido errores."

¿Hay días difíciles en el hogar de los Schmidt? ¿Cómo lidian Lisa y tú con los retos inevitables del matrimonio y la crianza de los hijos?

"No. Bueno, sí quizás unos cuantos. Es un cliché decir que el matrimonio debería ser un sociedad a medias (50/50), pero eso sencillamente está equivocado. Tiene que ser 100 y 100, y que tanto el marido y la esposa estén dispuestos en cualquier momento a invertir en el matrimonio todo lo que tienen, sin retener nada. Cuando las cosas se ponen tensas tienen que unirse en vez de apartarse. Lisa y yo estamos en nuestro peor estado cuando empezamos a pelear entre nosotros. Cuando empiezan las discusiones, devolver el fuego no se justificado solo porque la otra persona disparó el primer tiro. En lugar de retirarte y volverte egoísta, tienes que dar más en comprensión y caridad.

"Otro excelente consejo de nuestra pareja de padrinos fue el de nunca discutir sobre los detalles de lo que se dijo que inició el conflicto. Los dos estarán convencidos de que tienen la razón ('Yo sé lo que dije', o 'Yo sé lo que oí'), así es que no hay manera de llegar a un acuerdo. Pónganse de acuerdo para no estar de acuerdo y descubran algún modo de seguir adelante juntos. Esto permite que el enfoque esté en la resolución de problemas en vez de señalar mutuamente quien tiene la culpa."

Claramente, Lisa y tú honran el Sacramento del Matrimonio. ¿Cuál es tu consejo para otros hombres católicos acerca de cómo hacer lo mismo?

"Hablen bien el uno del otro. Después de todo, se casaron el uno con el otro. Si tu esposa es semejante arpía, ¿qué dice eso acerca de ti? Si te quejas constantemente de tu esposa, eso hace que te veas como un tonto y poca cosa. Cuando las personas alrededor tuyo estén rebajando a sus esposas hablando mal de ellas, no participes. Estas oportunidades para practicar las virtudes de la prudencia y la caridad eventualmente empezarán a permear en todas tus interacciones con tu esposa. Podría sorprenderte lo que esto hace con respecto a tu actitud hacia ella y a tu matrimonio en general.

"No tienen que fingir que todo es siempre perfecto y maravilloso, pero tampoco hay necesidad de publicar a los cuatro vientos sus problemas matrimoniales. La necesidad de 'desahogar la presión' es un mito; no te olvides que esto no siempre es bueno. Nótese que esto no es lo mismo que analizar un verdadero problema con una persona de tu entera confianza. 'Desahogar la presión' podrá aliviar el estrés por un tiempo, pero no hace nada para cambiar las condiciones que dieron lugar al problema. Si algo en tu matrimonio te está provocando una reacción tan negativa, tan acalorada, le debes a tu esposa el empezar a rezar sobre el problema para discernir el por qué y luego trabajar para resolver el problema en privado con ella."

¿Crees que a los hombres les cuesta trabajo "honrar" a sus esposas? ¿Hay un problema de orgullo o un temor de perder el control que los hombres encuentran difícil de superar?

"Se ha dicho que 'las manos ociosas son el taller del diablo', pero las manos que están demasiado ocupadas pueden ser peligrosas también. Uno de los trucos más ingeniosos del diablo es mantener ocupadas a las personas, especialmente a los hombres. Esto es a menudo bajo el pretexto de hacer el bien, como por ejemplo manteniendo a su esposa y a su familia. Existe una tremenda presión social para hacer esto. El hombre que provee abundancia material a su familia es universalmente respetado sin tomar en cuenta lo que realmente necesita su familia. Quizás necesiten menos cosas y más de su presencia. Es posible que ellos necesiten que él 'haga' menos y 'esté' más.

"Honrar a nuestras esposas, que no es sorprendente que sea una de las mejores cosas que podemos hacer por nuestros hijos, exige que desaceleremos, prestemos atención, escuchemos y estemos verdaderamente presentes. En un sentido esto exige que dejemos el control porque tenemos que responder en vez de siempre estar tomando la iniciativa. El éxito no es ni predecible ni objetivamente cuantificable, y el retorno sobre nuestra inversión es rara vez inmediato. Sin embargo, la mejor manera en la cual un hombre puede honrar a su esposa es intentar en forma seria ser el hombre que ella merece, el hombre que Dios lo está llamando a ser. Los hombres luchan con esto porque es intrínsecamente justamente eso, una lucha."

¿Joel, qué impacto tiene sobre el matrimonio una vida de oración animada y la práctica nuestra fe católica? ¿Cuál ha sido tu propia experiencia?

"El practicar nuestra fe católica en forma activa mantiene a Cristo en el centro de nuestro matrimonio. Esto podrá sonar trillado, pero es una verdad profunda, rica, que está presente en cada aspecto de nuestra relación. Nos recuerda que nuestro matrimonio es una analogía de la relación entre Cristo y la Iglesia. Todos los hombres deberían leer Efesios 5 y deberían prestar especial atención a las responsabilidades de los esposos. 'Ustedes, maridos, amen a sus esposas como Cristo amó a la Iglesia y se entregó por ella.' Si quieres saber exactamente qué significa eso, mira fijamente y por largo tiempo un crucifijo, porque ése es el nivel de sacrificio y servicio al que estás llamado. Por eso es que debes permanecer largo tiempo de rodillas rogando a Jesús que vierta la gracia del sacramento en tu corazón.

"La mayoría de los hombres no tiene ningún problema en declarar inequívocamente que se dejarían matar por sus esposas. Sin embargo, eso es fácil de decir porque la mayoría de nosotros nunca tendremos que hacerlo. Los sacrificios que se nos piden suelen ser más pequeños y más sutiles pero no por ello menos importantes. ¿Puedes dejar de ver el partido de fútbol para llevar a los niños a comprar sus atuendos para la sesión fotográfica familiar de la próxima semana? ¿Puedes pintar todo un cuarto de color coral sólo porque ella necesita ver cómo se ve, sabiendo perfectamente que lo vas a pintar nuevamente más tarde? ¿Puedes dejar de lado tu juego de póquer habitual con tus amigos de la universidad, con los cuales ahora no tienes nada en común, a cambio de una fecha fija de salida con ella? ¿Puedes hacerte cargo de los niños el minuto que ingresas a la casa después de un largo día de trabajo, porque ella ha estado en casa todo el día con ellos y necesita un descanso? ¿Puedes amarla heroicamente cada día? Tienes que rogarle a Dios por la gracia para poder hacerlo."

Hermanos míos, tenemos un rol especial y distinto como hombres, padres, esposos y líderes de familia cristianos en la Iglesia y en la sociedad en general. Si no damos tres pasos al frente corremos el riesgo de ver que nuestras familias sean rebasadas y absorbidas por la cultura que nos rodea. Esto no es aceptable. Empiecen con la oración. Sean fieles, coherentes, valerosos, demuestren humildad y recuerden . . . estamos hechos para un hogar celestial y no para este mundo.

PREGUNTAS PARA LA REFLEXIÓN

1. El autor nos desafía a ser los líderes espirituales en nuestros hogares. ¿Estoy dirigiendo o soy seguidor, o estoy sentado al margen con apatía cuando se trata del liderazgo espiritual?

2. ¿Estoy haciendo un buen trabajo cuando agradezco a mi esposa por todo lo que ella hace por mí y mi familia? ¿Agradezco a Dios por mi esposa? Si no, ¿qué me lo está impidiendo?

3. Joel Schmidt nos dijo que "la mejor manera en que un hombre puede honrar a su esposa es esforzarse en forma decidida para ser el hombre que ella se merece, el hombre al que Dios lo ha llamado a ser." ¿Estoy tratando de ser el hombre que Dios me llamó a ser?

4. Joel también declaró que el viejo dicho común de que el matrimonio es una sociedad de 50% y 50% está equivocado y que debería ser 100% y 100% "tanto para el esposo como para la esposa quienes deberían en cualquier momento estar dispuestos a invertir todo lo que tienen en el matrimonio, sin retener nada." ¿Entiendo y creo en el concepto del 100-100 por el cual debo dar todo lo que tengo a mi matrimonio, igual que mi esposa debe hacer? ¿En realidad vivo así?

CAPÍTULO OCHO

Papás, ¿Estamos Actuando Correctamente?

*Es más fácil que un padre tenga hijos que
los hijos tengan un verdadero padre.*
— Papa Juan XXIII —

Hace poco en una reunión tomando café con un amigo, él dijo, "Parece que lo tienes todo resuelto en el frente de la paternidad. ¿Cuál es tu secreto?" Me sorprendí y desconcerté porque no creo tenerlo todo resuelto correctamente para nada. Esto no lo digo por una falsa humildad. Rezo todos los días para ser un mejor esposo y padre porque conozco todos los sectores en los que fallo. Antes de que pudiera contestar a mi amigo, él recibió una llamada en su teléfono celular y tuvo que irse. El tema, sin embargo, se quedó en mi memoria y fue la motivación de este capítulo.

¿Qué significa realmente "tenerlo todo resuelto" como padre católico? No soy el experto, pero parece que esto más o menos significa que ese padre probablemente tiene sus prioridades correctamente ordenadas, con Cristo primero, su familia en segundo lugar, y su trabajo en un tercero. Esta clase de papá pasa tiempo de *calidad* con su familia, no simplemente pasa el tiempo. Este hombre es un modelo de conducta para su familia puesto que vive su fe católica y es la luz de Cristo para otros. Este padre tiene alegría en su corazón y es un hombre de oración. Este papá honra y ama a su esposa y pone en alto el Sacramento del Matrimonio ante los ojos de sus niños como algo especial y sagrado. Este tipo de padre halla en San José, el Santo Patrono de los padres, el modelo de conducta ideal de cómo servir a Dios y su familia.

¿Qué clase de reglas o tradiciones podrá este padre católico, quien actúa correctamente, seguir para mantenerse en la vía correcta? Si tomamos en cuenta lo que la Sagrada Escritura y la Iglesia enseñan, podemos seguir estos cuatro puntos como nuestra guía.

1. Nuestra vocación es lograr que nuestras familias lleguen al cielo.
2. Nuestros hijos siempre nos vigilan. Lo más probable es que conformen su conducta en su vida posterior a lo que aprendieron en casa.
3. Estamos hechos para el cielo, no para este mundo. Actuemos en consecuencia.
4. Nuestros hijos son el regalo de Dios para nosotros. El amor y cuidado que brindamos a nuestros hijos son nuestro regalo para Él.

¿Te sientes culpable? Yo también.

Entonces, ¿por qué dijo mi amigo lo que dijo cuándo tomábamos café? Creo que él sabe que yo *trato* de ser un buen padre a pesar de mis numerosas fallas. Él ve que yo persevero y no me rindo. Él sabe que yo rezo en forma constante pidiendo guía y ayuda. La verdad es que no siempre sé lo que estoy haciendo, pero sinceramente creo que fracasar como papá no es una opción dado que mis hijos pagarían el precio en última instancia si no tengo éxito en mi vocación como padre y esposo. "Es más fácil que un padre tenga hijos que los hijos tengan un verdadero padre" (Papa Juan XXIII).

¿Adivinen qué, papás? A veces ustedes y yo simplemente tenemos que esforzarnos más. Tenemos que dar lo mejor de nosotros mismos, aun cuando no queramos hacerlo. Tenemos que sacrificar algún tiempo dedicado al trabajo, a la diversión, al relajamiento, y tiempo para mí mismo, para dedicarlo a nuestras familias. Sería sabio de nuestra parte (aunque nos asuste un poco) darnos cuenta que nuestros hijos vigilan todos nuestros movimientos y que algún día serán como nosotros. Rezo por que eso sea algo bueno.

Papás, animo a todos nosotros a orar en función de los cuatro puntos enumerados anteriormente. No permitamos que nuestro orgullo nos impida pedir ayuda. Busquen la intercesión de la Santísima Virgen y de San José. Recemos el uno por el otro, retémonos mutuamente y animémonos el uno al otro. Vivamos plenamente nuestra vocación a la paternidad con valentía y honor, pues como dijo el Arzobispo Gómez de Los Ángeles, "Es una promesa ser fiel a la vocación de ser padre. Aun después de una larga jornada de trabajo, aun si preferiría estar haciendo otra cosa—más bien él sonreirá y reirá y se deleitará jugando con sus hijos. Porque eso es lo que los padres hacen. Cumplen su promesa de amar."

Para la eventualidad que no asumiéramos nuestro compromiso como padres, ¿cuáles son las alternativas? ¿Qué puede ocurrir? Después de meditarlo y rezar, me parece obvio que la mayoría de los padres probablemente enfrenten las mismas opciones:

Podemos abandonar nuestras responsabilidades a otros. Podemos permitir que otros, la TV, el Internet, los juegos de video y una cultura materialista atea críen a nuestros hijos y simplemente esperar que suceda lo mejor.

O

Podemos cumplir nuestras responsabilidades y nuestra vocación como padres. Se nos ha llamado a ser santos y nuestra vocación claramente es ayudar a nuestras familias a llegar al cielo.

Eso es mucho pedir y exige valor, trabajo arduo, elecciones difíciles y mucha oración.

¿Con qué frecuencia decimos que queremos la segunda opción, pero perdemos la concentración, estamos ajetreados, y permitimos que ocurra la primera opción? Me temo que eso ocurre con demasiada frecuencia si somos honestos con nosotros mismos.

¿Qué podemos hacer para que la segunda opción sea la elección automática? Ninguno de nosotros somos perfectos, pero quizá podemos seguir estos cinco pasos básicos para mantener el rumbo.

SACAR EL MÁXIMO PROVECHO DE NUESTRO TIEMPO JUNTOS

Mi hijo menor y yo hemos estado sosteniendo grandes pláticas en el camino al entrenamiento de lacrosse y cuando jugamos con la pelota de fútbol en el patio delantero. Mi hijo mayor y yo tomamos largas caminatas juntos para nuestras mejores conversaciones. Lo importante es maximizar cada minuto con nuestros hijos como oportunidades para compartir con ellos y orientarles a tomar buenas decisiones en la vida. Haciendo que la hora de cenar en familia sea una prioridad es un modo de asegurar que eso pase. Sepan que los esfuerzos para que les prestemos atención muchas veces son potencialmente pedidos de auxilio. Nuestros hijos nos necesitan, ¿estamos disponibles?

ESCUCHAR ANTES DE SERMONEAR

¡Esto es difícil para mí! El modo más fácil para que mis hijos se cierren es que yo les corte e interrumpa con un momento para "aconsejar." Puedo aconsejarlos más adelante, pero necesito escucharlos primero y alentarlos a compartir conmigo lo que piensan.

SER GRANDES MODELOS CATÓLICOS A SEGUIR

No puede ser más básico que esto, pero ¿nos damos cuenta de cuán a menudo nuestros hijos están viendo todo lo que hacemos? Ellos amarán, se emocionarán respecto a la Misa y tendrán devoción a nuestra fe católica si nosotros lo hacemos. Rezarán fielmente si nosotros lo hacemos. Tendrán más posibilidades de crecer siguiendo el Magisterio de la Iglesia y no aceptar la dieta religiosa de "cafetería católica" si nosotros lo hacemos.

HONRAR EL SACRAMENTO DEL MATRIMONIO

¿Queremos ver cómo nuestros hijos se casan e inician grandes familias algún día? Como les comenté en el último capítulo, amemos a nuestras esposas y formemos el tipo de matrimonio que queremos que ellos disfruten. Muestren su cariño abiertamente, digan "te quiero" y asegúrense que los hijos sepan cuánto honramos y respetamos a la persona con la que nos casamos. Estamos destinando a nuestros hijos a un futuro sin matrimonio o a un posible divorcio si ellos se crían en un hogar donde el Sacramento del Matrimonio no es atesorado o valorado.

APAGAR LA CULTURA POPULAR Y "DESPRENDERSE"

¿Adivinen qué? Tal como dijimos en el Capítulo Tres, si estamos obsesionados con el programa de TV "American Idol," comprando chatarra que no necesitamos y tratando de competir con nuestros vecinos, nuestros hijos probablemente crecerán emulando nuestro comportamiento. Estoy empezando a pensar que cada minuto delante del televisor o la computadora es tiempo perdido y una oportunidad para interactuar con la familia perdida. Quizá esto sea la cosa más difícil de hacer en la lista de cosas para hacer, pero podemos utilizar mejor nuestro tiempo y concentrarnos mejor.

Buscando profundizar en la idea del rol y la vocación de padres católicos, me puse en contacto con el Obispo Michael Sheridan de la Diócesis de Colorado Springs. Conocí por primera vez al Obispo Sheridan en 2012 cuando fui expositor en la Conferencia de Hombres en Colorado Springs y me impresionó por su fuerte apoyo a los ministerios de hombres. Él tuvo la bondad de compartir conmigo su pensamiento sobre el tema de los hombres y su vocación para este libro.

Obispo Sheridan, ¿cuál es la vocación de los hombres católicos? ¿Qué se nos llama a hacer?

"La vocación de los hombres católicos es la misma que la de todas las personas. Es la vocación a la santidad. Más específicamente, los hombres (especialmente los que están casados) tienen la vocación de ser una expresión del amor, la protección y solicitud de Dios Padre."

¿Cuáles son los obstáculos que se interponen entre los hombres y esta vocación? ¿Cómo podemos superarlos?

"El principal obstáculo, tal como yo lo veo, es la negativa de nuestra cultura feminizada de atribuir este papel al hombre. El resultado es que, muchos hombres sencillamente no son formados para asumir su vocación especial. O tienen el temor de que, si lo hacen, no serán aceptados por sus pares."

Obispo Sheridan, yo sé que Ud. activamente apoya los ministerios para hombres en su diócesis. De hecho, Ud. y yo nos conocimos mediante la Conferencia de Hombres en Colorado Springs de 2012. ¿Qué papel pueden jugar este tipo de ministerios, grupos de apoyo, grupos de oración y conferencias para ayudar a los hombres a darse cuenta de su vocación y vivirla con fidelidad?

"Los hombres pueden ser educados y vigorizados por conferencias ocasionales como éstas. De gran importancia, sin embargo, es la creación de mecanismos que les permiten juntarse con otros hombres en forma regular. Grupos de 'seguimiento' con base en la parroquia son muy importantes."

¿Cuándo Ud. considera los hombres católicos con los que se encuentra cada día, qué halla en ellos que es positivo? ¿Qué le preocupa acerca de ellos?

"Mi mayor aliento viene de los jóvenes. Me parece que ellos están menos temerosos que sus padres de ser formados como auténticos 'padres' católicos, ya sea que estén casados o no. Habiendo dicho eso, estoy muy animado por aquellos hombres que han discernido una vocación al diaconado. Esto llama a los hombres a ser verdaderos signos de contradicción en nuestra cultura mundana y feminizada. Solo me preocupa que no estamos trabajando lo suficientemente fuerte para llamar a los hombres a la verdadera santidad. Sin embargo, no me preocupo de eso. Eso es tarea de Dios. Pero no debemos dejar de ser sus instrumentos de todos los modos que podamos serlo."

Si estuviera hablando a un grupo de hombres católicos, tanto solteros como casados, ¿qué es lo que más quisiera decirles? ¿Qué les alentaría a hacer?

"Si solamente tuviera una oportunidad de hablarles, creo que les hablaría del llamado universal a la santidad. Todo empieza ahí, sin importar cuál es la vocación particular de uno o las circunstancias especiales de su vida. No creo que tengamos una apreciación cabal de ese llamado ni de cómo vivirlo. Yo les animaría a tratar a conocer mejor a Dios, especialmente al Padre, a través de la lectura piadosa de la Sagrada Escritura y de una participación plena en la vida sacramental de la Iglesia."

El Obispo Sheridan lo dijo del modo más sencillo posible: hemos recibido el llamado universal a la santidad y todo empieza ahí, no importa la que pudiera ser nuestra vocación o pudiesen ser nuestras circunstancias. ¿Responderemos al llamado? ¿Estamos dispuestos a ser los padres que nuestros hijos merecen? ¿Haremos todo lo que esté a nuestro alcance para que podamos ayudarles a ellos y a nuestras esposas a ir al cielo?

Muchachos, ¡¿el ser un mejor padre no parece ser una lucha libre que jamás termina?! Este cuestionamiento a menudo surge en mi oración diaria cuando busco discernimiento y valor para hacer lo que debo hacer. La alternativa a mi lucha diaria es la de ser apático, lo cual virtualmente garantiza que mis hijos crecerán flotando a la deriva sin una buena base de fe, valores y el saber qué es lo que verdaderamente importante en la vida. Los niños son como la arcilla que debe ser moldeada y desarrollada. Ante nuestra ausencia, aquellas personas que solo los ven como consumidores tratarán de hacerles daño y se harán cargo ante el vacío.

¿Se acuerdan del cuarto punto explicado anteriormente en este mismo capítulo?

Los niños son el don de Dios para nosotros.
Cuidar de manera primorosa Su creación es
nuestro regalo para Él.

PREGUNTAS PARA LA REFLEXIÓN

1. ¿Realmente he pensado respecto a cuál es mi vocación como padre anteriormente?

2. ¿Permito que las cosas de menor importancia se interpongan entre mi persona y el pasar tiempo con mi familia? ¿Suelo estar presente para ellos? Si no es así, ¿por qué?

3. ¿Soy un buen modelo de conducta católica para mis hijos? ¿Es más o menos probable que sean buenos católicos cuando sean adultos algún día debido a mi influencia?

4. ¿Estoy comprometido y listo para tratar de hacer lo correcto como un padre católico? ¿A quién le rendiré cuentas de ello?

CAPÍTULO NUEVE

San José es el Modelo

San José era solo un hombre, un trabajador incansable,
el justo guardián de aquellos confiados a su cuidado.
Que él siempre proteja, vigile e ilumine las familias.
— Papa San Juan Pablo II —

Como padre de un adolescente con autismo con un alto índice de funcionamiento, a veces estoy obligado a dar a mi hijo mayor la atención y paciencia que él necesita de mí. Con frecuencia me siento incapaz cuando aconsejo y guío a mi hijo menor a través de los campos minados que son la cultura de hoy. Mi amada esposa debería poder esperar los mejores esfuerzos míos como esposo, pero a menudo me siento demasiado abstraído o cansado para darle el 100 por ciento de mí que ella merece. ¿Qué podemos hacer cuando es obvio que necesitamos un golpe de timón para retomar el rumbo correcto?

Poco después de que ingresé a la Iglesia, me acuerdo de una misa cuando me quedé rezagado unos cuantos minutos para pedir la intercesión y ayuda de San José. Fue la primera vez que pedí el auxilio de este gran santo y mi devoción hacia él ha ido en aumento con el correr de los años. Como papá y esposo católico, ¿quién mejor para emular que el santo patrono de los padres? Por mucho tiempo me he sentido atraído por San José y hallo en su vida el aliento para ser más obediente y confiar más en las promesas de Dios. Aun cuando a menudo voy lidiando con problemas creados por mí mismo en los sectores matrimonial y paternal, mis desperfectos son un tanto disminuidos y me siento animado a hacerlo mejor cuando rezo pidiendo su intercesión y medito sobre su valiente ejemplo cuidando a Jesús y María.

Cuando reflexiono sobre la vida de San José y pido su ayuda, descubro que rápidamente corrijo el rumbo en mis responsabilidades familiares y que recupero la paz que con frecuencia me abandona cuando permito que el trabajo y las presiones del mundo dominen mis pensamientos y mi agenda. He aquí cinco importantes lecciones que he aprendido de San José a medida que he enfrentado mis problemas a través de los años.

CINCO LECCIÓNES DE SAN JOSÉ

1. San José fue *obediente*. José fue obediente a la voluntad de Dios a lo largo de su vida. José escuchó cuando el ángel del Señor explicó el nacimiento virginal en un sueño y no tuvo miedo de llevar a María, su esposa, a su casa. (Mateo 1, 20–24). Fue obediente cuando llevó a su familia a Egipto para escapar del infanticidio de Herodes en Belén (Mateo 2, 13–15). José obedeció las instrucciones

posteriores del ángel de volver a Israel (Mateo 2, 19-20) e instalarse en Nazaret con María y Jesús (Mateo 2, 22-23). ¿Con qué frecuencia se interponen nuestro orgullo y testarudez entre nosotros y nuestra obediencia a Dios?

2. San José era *desinteresado*. De lo poco que sabemos acerca de José, vemos a un hombre que solo pensó en servir a María y a Jesús, nunca en sí mismo. Lo que muchos podrán percibir como sacrificios de parte suya, en realidad fueron actos de amor desinteresado. Su devoción a su familia es un modelo para los padres de hoy que podrían estar permitiendo que las ataduras desordenadas a las cosas de este mundo distorsionen su concentración y obstaculicen su vocación.

3. San José dirigió con su *ejemplo*. Ninguna de sus palabras están escritas en las Sagradas Escrituras, pero podemos ver claramente por medio de sus acciones que él era un hombre justo, amoroso y fiel. A menudo pensamos que el modo principal de influenciar a otros es por intermedio de lo que decimos, cuando nuestras acciones son mucho más elocuentes. Cada decisión y acción tomada por este gran santo es la norma que los hombres deben seguir hoy.

4. San José era *trabajador*. Él era un artesano sencillo que servía a sus vecinos a través de sus trabajos manuales. Enseñó a su hijo adoptivo, Jesús, el valor del trabajo duro. Es probable que la humildad que José demostró en lo que está registrado en

las Sagradas Escrituras se manifestara también en el sencillo enfoque que tuvo en su trabajo y del modo que mantuvo a la Sagrada Familia. Podemos aprender una gran lección de San José, santo patrono de los obreros, sobre el valor de nuestro trabajo diario y como debe ser usado para glorificar a Dios, mantener a nuestras familias y contribuir a la sociedad.

5. San José era un *líder*. Pero no de la manera que podemos percibir el liderazgo hoy. Él dirigió como un esposo amoroso cuando improvisó encontrando un establo donde María podría dar a luz a Jesús después de que fueron rechazados en la posada de Belén. Lideró como un hombre de fe cuando obedeció a Dios en todo, cuando trajo a su esposa embarazada, María, a su casa, cuando llevó a la Familia Sagrada a un lugar seguro en Egipto. Él dirigió como el sostén de su familia, trabajando largas jornadas en su taller para asegurar que su familia tuviera comida y un techo para cobijarse. Lideró como un maestro que enseñó a Jesús su oficio Jesús y cómo vivir y trabajar como un hombre.

Buscando ideas adicionales, me puse en contacto con dos hombres que por mucho tiempo han inspirado a otros hombres con su ejemplo: Matthew Warner y Ken Davison. Mi primera entrevista es con Matthew Warner, el fundador de Flocknote.com, un marido bendecido y un padre agradecido haciendo de su parte todo lo posible para lograr el equilibrio. También es un bloguero prolífico, colaborador en el libro 'The Church *and New Media'* *[La Iglesia y los Nuevos Medios]*, y autor de TheRadicalLife.org. Matthew tiene una licenciatura en ingeniería eléctrica de la Universidad de Texas A&M y una maestría en administración de negocios. Él y su familia radican en Texas. Me interesaban en concreto los puntos de vista de Matthew respecto a la valentía y respecto al rol de San José en las vidas de los hombres católicos.

Matthew, ¿crees que los hombres católicos enfrentan problemas para ser valientes en el mundo de hoy? Si así es, ¿por qué?

> "Sí, creo que eso es en parte debido a que nos hemos olvidado lo que significa ser hombre, lo cual empieza por entender que somos hijos de Dios y que va en incremento para incluir las responsabilidades y tareas especiales que tenemos como hombres—hijos, hermanos, esposos y padres. Cuando uno recorre este camino, empieza a darse cuenta no solamente de la responsabilidad de ser valiente, sino que surge un deseo de serlo. Una necesidad de ser valiente. Aprendemos que vivir una vida con valentía es una parte de lo que significa vivir a plenitude—especialmente para los hombres."

¿Cuáles son las causas subyacentes de los problemas que has descrito?

> "Una cosa para mí ha sido la necesidad de tomar las cosas con más calma. Aplacar nuestras ambiciones mundanas (aunque muchas veces son muy buenas). Orar. Pasar unos momentos en silencio. Revisar lo que significa estar vivos, ser hijos de Dios. Verdaderamente entender quiénes somos, por qué estamos aquí y qué

vamos a hacer. Se trata de tener el punto de vista correcto. Y cuando nos dejamos absorber mucho en simplemente ser una pieza en el engranaje del mundo, o sea nuestra carrera profesional, lo que viene después y así sucesivamente, podemos pasarnos toda la vida y nunca darnos tiempo para contestar esas preguntas que son más importantes. Cualquier buen líder sabe que antes que nada tienes que identificar la meta para poder lograrla."

¿Has enfrentado retos en tu propia vida que exigieron tener valor? ¿Podrías compartir con nosotros lo que aprendiste?

"Un momento en particular fue cuando opté por dejar mi trabajo seguro en ingeniería para crear mi propia empresa, flocknote.com. Fue en realidad una cuestión de seguir el plan de Dios y estar abierto a algo que no era necesariamente cómodo. Pero al final resultó emocionante, aventurero y creativo en el mejor sentido. Me ayudó a descubrir quién era yo y para qué fui creado. Fuimos creados para tener valor, no para tener comodidad."

¿Crees que nos hacen falta modelos de conducta? ¿Qué podemos aprender de San José respecto a cómo debemos vivir como hombres católicos?

"Pienso que existen montones de grandes modelos de conducta en todo nuestro alrededor. El problema es que en vez de rodear a nuestros hijos de santos, los rodeamos de celebridades. Así es que naturalmente adoptan los modelos de conducta equivocados."

Si pudieses hablar con tus hijos y futuros nietos una sola vez más antes de tu muerte, ¿qué palabras de despedida les dirías?

"Son amados. Yo los amo. Dios los ama. No se olviden quiénes son ustedes, quién los hizo y para qué fueron hechos."

Mi segunda entrevista es con Ken Davison, cofundador con su esposa Kerri de *'Holy Heroes'* (Héroes Santos, una serie de CDs en la que se presentan las vidas de los santos). Un ex gerente de marcas en Procter&Gamble, renunció a un alto puesto administrativo de tiempo completo en Belmont Abbey College en North Carolina unos cuantos años atrás para dedicar más tiempo a su negocio que se expandía rápidamente, Holy Heroes.

Él y su esposa Kerri han estado casados durante veintitrés años y tienen ocho 'héroes santos' propios que ellos mismos educaron en casa: Virginia, Clara, Margaret, Ken III, Anna, Therese, Lillian y Caroline.

Ken, tú y yo hemos tenido numerosas conversaciones respecto a la necesidad que los hombres católicos sean valientes. El valor siempre me recuerda a San José y el ejemplo que él da para todos los padres y esposos católicos y cómo debemos comportarnos. ¿Cómo pueden los hombres católicos de hoy adoptar el ejemplo de San José de un modo práctico?

"Hay muchas maneras de imitar a San José que se hacen demasiado evidentes cuando comparamos su vida con la nuestra: haciendo de la oración una prioridad (y tratando verdaderamente de escuchar a Dios en vez de sólo enumerar demandas); poniendo el cuidado de tu esposa en primer lugar en lugar de usarla para tus deseos sexuales; trabajando duro para mantener a tu familia y confiando en la Divina Providencia aun cuando las cosas se ponen difíciles (por lo menos tú no has tenido que escapar de soldados asesinos en la madrugada para huir a Egipto).

"Pero hay una cosa que se suele pasar por alto. Se obediente a la Iglesia, en forma enérgica y escrupulosa. San José era un judío obediente, cumpliendo las reglas de su fe aun cuando pudo haber puesto la excusa de que ellas no se aplicaban a él y su familia. ¿Por qué ir a la sinagoga a rendirle culto a Dios cuando Dios estaba viviendo con él? ¿Por qué ir a Jerusalén para las ceremonias de purificación de su esposa si no las necesitaba como bien sabían ambos? ¿Por qué ofrecer a Jesús, el primogénito, a Dios en el templo y ofrecer el sacrificio de los pobres de dos tórtolas o pichones? De hecho, tomen nota de que San José muchas veces hacía *mucho más* de lo que era obligatorio, como lo hizo cuando fue al templo para la Presentación de Jesús— no era obligatorio ir al templo. ¿Cuántas veces nos convencemos de tomar el atajo, de hacer lo mínimo en lo que se refiere a la Iglesia? Todo indica que San José hacía todo lo contrario. Imítenlo llevando a sus hijos a la Confesión. Como padres, guíenlos para llegar a misa a tiempo, dirigiendo las oraciones y así sucesivamente. Aprendan respecto a lo que la Iglesia exige—y luego enséñenlo a sus esposas e hijos de palabra y con su ejemplo.

"Una idea más. San José era la cabeza de su familia, a pesar de tener a Dios y la inmaculada Madre de Dios como las únicas otras personas en su hogar.

¿A quién se le apareció el ángel para decirle a San José que acogiera a María en su casa? Gabriel tuvo una larga conversación con la Santísima Virgen en la Anunciación y pudo haber fácilmente dado instrucciones a la Santísima Virgen para que ella se las diera a San José. ¿A quién se le apareció el ángel para decirle a la Sagrada Familia que escapara inmediatamente o los soldados de Herodes matarían a Jesús? ¿A quién se le apareció el ángel para decirles cuando volver de Egipto y donde radicar en Israel? En cada caso, Dios Padre pudo haber enviado Su mensajero a la esposa del Espíritu Santo o a la Segunda Persona de la Santísima Trinidad, en lugar de eso Él dirigió a la familia a través de su cabeza, el padre. Asume tu papel y no temas ejercer la autoridad que Dios te ha dado. No es una posición honoraria o de testaferro—es una autoridad muy real."

Una de las temáticas de este libro es la presión y la influencia negativa de la cultura secular materialista sobre los hombres católicos. ¿Cómo hacer para vivir en el mundo pero sin pertenecer al mundo y mantener la vista fija en el cielo tanto nosotros como nuestras familias?

"Permíteme explayarme sobre lo que el Venerable Fulton Sheen una vez dijo. 'Si no vives como crees, empezarás a creer del modo que vives.' Este es un universo moral, y estamos aquí para escoger el camino moral en cada coyuntura de toma de decisiones. Dios nos hizo para vivir con Él en el cielo, y llegamos ahí mediante la vida que Él ha hecho personalmente para cada uno de nosotros, en cada momento que enfrentamos, en cada persona que conocemos, en cada decisión que tomamos. Lo único que vamos a llevar al cielo con nosotros es el amor que tenemos acá. Nada más. Por ello tenemos que obrar de ese modo para creer en él y obrando así aprendemos más y más para creer en él. En realidad es bastante sencillo. Amor, verdadero amor, es lo que *hacemos*, no lo que sentimos—no es un sentimiento, no es romance, sino la acción de darse uno mismo, igual que Jesús en la Cruz.

"Dios nos da todo lo que necesitamos para llegar al cielo en todo momento, por lo que lo único que necesitamos es tratar de hacer con honestidad lo que Dios quiere que hagamos en cada ocasión—y para los hombres eso significa estar listos para entregarnos, nuestros deseos, nuestros placeres, nuestros entretenimientos y pasatiempos, nuestro propio bienestar, hasta nuestras vidas por la esposa e hijos y otros que Él ha colocado alrededor nuestro. Si algo no nos ayuda para hacerlos llegar al cielo, entonces no vale la pena.

"No importa cuán cansado estés, cuánto quieras bajar la presión, cuán iracundo estés, cuán insignificante parezca, simplemente haz pasar todo a través de este filtro de decisiones. Si no te ayuda a llegar al cielo, entonces no lo hagas."

Ken, una última pregunta. Si pudieses hablar a un grupo grande de padres, abuelos y aspirantes a padres católicos, ¿qué le dirías para alentarlos?

"Una palabra: ¡*gratitud!* Dios te ama tanto que te creó de la nada. Te regaló el don de la vida y luego te puso en la tierra para que puedas vivir una vida aquí que te consiga la vida eterna en el cielo. Una y otra vez serás egoísta y voluntarioso y te equivocarás e intentarás deshacerte de ese don de la vida eterna. Pero Dios pensó en eso (¡a Dios gracias!) y envió a Su hijo para abrir el cielo para ti y darte los sacramentos que necesitas para intentar una y otra vez. Aprovecha todos esos dones sacramentales y aprovecha todos esos momentos que tienes en la tierra para amar a través del sacrificio de tus propios deseos egoístas.

"Y Dios te regaló toda clase de otros dones también, como las personas que Él quiso que estén en la tierra al mismo tiempo que tú: desde tus padres hasta tu esposa, y todas las personas que conoces. Todos ellos son dones de Dios para hacerte llegar al cielo. Y el tiempo y lugar en el que estás ahora y has estado y estarás son todos ellos dones para ayudarte a crecer en la fe, la esperanza y el amor, para equiparte para el cielo.

"Luego eligió un ángel que te guarde y proteja durante toda tu vida. San José escuchó a su ángel, así es que tú necesitas pedirle al tuyo que te ayude y escucharlo también. A veces la personas que nos rodean podrán tentarnos a extraviarnos, pero tu ángel guardián nunca lo hará— ¡así es que pide ayuda!

"Y maravilla de maravillas, Dios hasta hizo que tú seas un don para otros. Eres un don para tu esposa e hijos, para ayudarlos a llegar al cielo. Yo les digo a mis hijos cuando están molestos conmigo, '¡Bueno, Dios me hizo especialmente para ustedes, y a ustedes especialmente para mí, así que no tienen a dónde ir!'. Para el hombre católico, ser este don es maravilloso y asombroso, porque podrás atestiguar la confianza puesta en ti como padre y esposo cuando Dios sopla en tu esposa cuando te casas con ella y en tus hijos cuando Él crea sus almas inmortales— una confianza tan grande que solo una mujer y un niño pueden ofrecerla, una confianza que es al mismo tiempo el don que ellos te ofrecen juntamente con Dios y el don que Él te da el poder de ofrecer de vuelta a ellos mediante Su gracia."

Como padre y esposo católico, les diré nuevamente que lucho con los mismos retos que muchos de ustedes y no finjo que tengo todas las respuestas. Lo que sí sé es que no es muy tarde para alejarnos de las cosas de este mundo y para poner nuestras relaciones con Dios, con nuestras esposas, y nuestros hijos en buen pie. Preguntémonos ahora mismo: ¿estamos dispuestos a hacer todo lo que sea necesario? ¿Estamos comprometidos?

Como hombres católicos tenemos la obligación de ser padres y esposos fuertes, líderes en nuestras parroquias, buenos administradores en la comunidad, y humildes seguidores de Cristo. Miremos el ejemplo inspirador de San José, santo patrono de los padres, obreros y de la Iglesia Universal en razón de su obediencia, humildad, desprendimiento, valentía y el amor que demostró por María y Jesús. Si podemos emular a San José siquiera un poquito cada día, estaremos tanto más cerca de llegar a ser los hombres que estamos llamados a ser.

PREGUNTAS PARA LA REFLEXIÓN

1. ¿Puedo reconocer en el ejemplo silencioso, pero poderoso, de San José el modelo que yo tengo que seguir? ¿Estoy dispuesto a realizar los cambios necesarios?

2. Cuando se trata de mi matrimonio e hijos, ¿soy desinteresado? ¿Pongo de lado lo que podría desear para el bien mayor? ¿Estoy dispuesto a realizar sacrificios por mi familia?

3. Matthew Warner hizo notar claramente que los hombres se han olvidado en realidad de cómo ser hombres. Tan pronto nos demos cuenta y empecemos a caminar por la senda del cambio, nosotros accederemos a no solo la responsabilidad de ser valientes, sino también a un deseo de ser valientes. ¿He llegado a este punto en mi vida? ¿Quiero ser un líder valiente y defensor de mi familia?

4. Ken Davison presentó un punto de vista profundo y exigente. "No importa cuán cansado estés, cuánto quieras bajar la presión, cuán enojado estés, cuán insignificante pudiese parecer, simplemente pasa todo a través de este filtro de toma de decisiones: Si no te ayuda a llegar al cielo, entonces no lo hagas." ¿Estoy dispuesto a cernir mis decisiones a través de este tipo de filtro de decisiones? ¿Entiendo por qué es tan importante?

CAPÍTULO DIEZ

De los Padres Enseñando a sus Hijos

*En ese momento estuve muy agradecido
al darme cuenta que mi padre nunca perdió ninguna
oportunidad para compartir lecciones que me ayudarían
a ser un mejor padre, esposo y hombre.*
— Autor —

Tuve la bendición de ser criado por unos magníficos padres. No teníamos mucho, pero mis padres se aseguraron de que mi hermana y yo tuviéramos amor, disciplina, fe, valores fuertes y apreciación del valor del trabajo duro. Mi madre tuvo un papel vital en nuestra familia, como lo tienen todas las madres, pero descubro, a medida que envejezco, que soy más parecido a mi padre. Transmito muchas de las lecciones que él me enseñó a mis hijos y todavía cuento con él para obtener sabiduría y consejos. Eche un vistazo a su propia educación. ¿Qué papel jugaba su padre? ¿Hubo otros modelos de conducta? Del mismo modo que muchos de nosotros recreamos las lecciones que aprendimos en nuestra juventud, nuestros hijos algún día nos imitarán. Ellos siempre están viéndonos y nosotros tenemos que decidir si vamos a ser sus modelos consistentes de conducta heroica o quienes abandonen sus responsabilidades paternas a un conjunto de malas influencias sociales. ¿Cuál va a ser?

Nuestra familia disfrutó el último verano de una visita de mi padre que en esa época tenía setenta y cuatro años. Estos últimos años han sido difíciles para todos nosotros, especialmente para mi padre, puesto que mi madre falleció el 2010 después de una larga enfermedad. Mis padres estuvieron casados por casi medio siglo, un acontecimiento raro hoy en día. Mi madre era su mejor amiga, socia y esposa, así como una inspiración para todos quienes la conocieron.

Me acuerdo como hablamos incómodamente respecto a nuestros sentimientos de pérdida durante su visita y la conversación se convirtió en una reflexión y rememoración del pasado. Viejas memorias nos inundaron a ambos, y también aprendí valiosas lecciones cuando mi papá compartió experiencias e ideas acerca de la multitud de decisiones difíciles que él y mamá habían tomado a lo largo de los años. En ese momento estuve muy agradecido al darme cuenta que mi papá nunca perdía oportunidad para compartir lecciones que me ayudarían a ser un mejor padre, esposo y hombre. Esa siempre fue su forma de ser. Mi madre tenía un enfoque similar, arraigado en una forma de ser amorosa, que yo recuerdo afectuosamente.

Esa conversación e innumerables otras a través de los años con mi padre han sido el catalizador para mucha introspección acerca de mi vida y la vida de mis hijos. Yo sé que mis padres perviven a través de mí y su influencia a menudo se manifiesta en el modo que me comporto como padre, esposo, guía y amigo hacia otros. ¿Acaso no funciona así para todos nosotros? ¿Acaso no escuchamos retumbar los ecos de las lecciones de nuestros padres y abuelos en muchas de las cosas que hacemos y decimos como adultos?

No siempre fue así, como pueden dar fe mis días de juventud. Pasé por una típica época de rebelión adolescente, pensando que sabía más que mis padres y pensando que lo podría hacer mejor que su generación. Estaba enceguecido a toda la sabiduría que ellos habían vertido dentro de mí durante toda mi vida. Di por sentado el hogar lleno de amor y aliento que hicieron para nuestra familia. Los valores que me enseñaron parecían anticuados y gastados para mis oídos juveniles. No estaba agradecido por la ética de trabajo que ellos me habían infundido a través de su propio ejemplo incansable. Me volví insensible a la fuerte fe que ellos profesaban y me alejé de la iglesia cuando era adolescente, para no volver a tener ninguna fe hasta que ingresé a la Iglesia Católica en 2005 después de dos décadas en el desierto spiritual. Durante todo este tiempo, mis padres nunca dejaron de rezar por mí. Nunca dejaron de tratar de enseñarme acerca de la vida y jamás dejaron de amarme. Tuve la bendición de contar con una madre así y tengo la suerte de todavía tener a mi padre con vida.

Recuperé la consciencia cuando tenía veintitantos años y las muchas semillas que mis padres plantaron en mi empezaron a arraigarse. Parafraseando un famoso dicho de Mark Twain, ¡me asombraba ver cuán inteligentes se habían vuelto mis padres en los años desde que me había mudado de la casa! Hubieron numerosos escollos enfrente mío entonces puesto que estaba empezando mi carrera, pero especialmente me acuerdo de las sabias palabras de mi papá: "Haz lo que es correcto," "Trabaja duro y deja que los resultados hablen por sí mismos," "Trata a los otros del mismo modo que quieres que te traten," "Antepón a los otros a ti." Mi madre era una mujer llena de fe y amorosa que decía mucho con una sonrisa sencilla o un abrazo tierno mientras que mi padre era el "maestro" en nuestro hogar y veo que yo mismo comparto estos pedacitos de la sabiduría de mi papá con mis hijos. Estoy agradecido por los cimientos sólidos que mis padres, especialmente mi padre, me dieron mientras estaba creciendo.

¿Alguna vez te detienes a meditar sobre las lecciones que aprendiste en tu niñez? ¿Compartes esas lecciones con tus hijos? Hay una necesidad urgente hoy de volver a los valores de las generaciones anteriores y de padres dispuestos a enseñarlos.

El "todo vale," ese modo de pensar tan ubicuo en nuestra cultura, hoy podría sacar provecho de tener límites más nítidos. Nuestros hijos podrían prosperar sí pudieran verdaderamente ser niños por un tiempo y no ser obligados a convertirse en consumidores enloquecidos por hacer compras, adictos a la tecnología a una edad cada vez más temprana. Enseñar a nuestros hijos cuestiones de fe, valores, moral y la importancia de una buena ética de trabajo es una responsabilidad vital para los padres de hoy. ¿Qué pasaría si separásemos a nuestros niños de sus chupones electrónicos y los obligáramos a jugar afuera? Yo me crié con una bicicleta, libros y una buena imaginación. Jugar afuera y leer libros eran mis principales ocupaciones cuando era niño y aun así, de algún modo, sobreviví. Acuérdense de lo que yo espero sean recuerdos positivos de las lecciones que aprendieron de sus padres y abuelos. ¿Acaso no tenemos una responsabilidad de transmitir a nuestros hijos todo lo que es noble y vale la pena?

DOCE LECCIONES PRÁCTICAS PARA ENSEÑAR A NUESTROS HIJOS

Cuando estuve pensando sobre qué consejos útiles podría ofrecer a los padres en este capítulo, decidí no inventar la pólvora. A continuación está una lista de doce sugerencias prácticas que provienen de mis recuerdos vívidos de cómo mi papá nos transmitió lecciones importantes sobre la vida a mí y a mi hermana. Muchas de las cosas que leerán a continuación eran para nuestro provecho personal cuando éramos más jóvenes, pero él también nos enseñó lo que deberíamos enseñar a nuestros hijos cuando llegáramos a ser adultos. Creo que todos nosotros podríamos confeccionar una lista similar de nuestro pasado común y espero que encuentren que esto sea útil.

- Sé un Modelo del comportamiento correcto. Guía a tus hijos con el ejemplo, y evita el "¡Hagan lo que digo, y no lo que hago!"
- Enseña la importancia de la fe, de los valores y la diferencia entre el bien y el mal.
- Alienta la excelencia y el pensamiento independiente.
- Escucha sus pensamientos e ideas con paciencia y sin juzgar.
- Ama a tus hijos sin reservas, pero también lo suficiente para decir *no* cuando sea necesario.

- Exponlos a Dios, a la naturaleza, la belleza, el arte, la música, la historia y a diferentes culturas.
- Dales tiempo de calidad. Haz que el tiempo con la familia sea la alternativa a hábitos malsanos.
- Inculca el aprecio por el trabajo duro y a ser responsable con el dinero.
- Crea límites y explica las reglas.
- La disciplina es importante.
- Respeta a tus mayores y a la autoridad. Sé cortés, educado y ayuda a todos.
- Inspira a tus hijos a devolver a la comunidad y a ayudar a otros.
- Desafía a los niños a desarrollar su inteligencia.

Es posible que tú tengas una lista muy diferente, pero éstas son algunas de las lecciones que me enseñó mi padre que más me impactaron, y que estoy tratando de transmitir a mis hijos. Es un mundo que da miedo ahí afuera y veo a una generación de niños que no están preparados para triunfar en la cultura de hoy. Si no aceptamos la plena responsabilidad de criar y enseñar a nuestros hijos, entonces los juegos de video, la TV, el Internet, y sus pares probablemente llenarán el vacío. Esa es la triste realidad.

Me gustaría profundizar un poco más en el tema de la enseñanza de nuestra fe católica a nuestros hijos. Muchachos, como han aprendido en este libro, estamos llamados a ser líderes espirituales tanto como proveedores. No deleguen la educación en la fe a la EPR (Escuela Parroquial de Religión) o a los colegios católicos. La enseñanza debe empezar en casa y debe ser dada por nosotros junto con nuestras esposas trabajando en conjunto para dar el ejemplo correcto. Acá presento cinco actividades a considerar.

- **Oración.** Hagamos que nuestra vida de oración sea una prioridad. Recemos antes de todas las comidas familiares. Recemos con nuestros niños a la hora de acostarse. Vayan a la Adoración del Santísimo en familia. Inspiren a los niños con la imagen de su padre de rodillas en oración fervorosa. Todo comienza con la oración.

- **Ejemplo, carácter y virtud.** Nuestros hijos llegarán a ser aquello para lo que les hayamos criado ser. Piensen acerca de la oportunidad que tenemos de que nuestros hijos crezcan viendo nuestra fe en Dios, sólida como una roca, nuestra devoción a la Iglesia, nuestro carácter coherente, nuestro comportamiento piadoso, nuestra devoción a la familia, nuestra administración, nuestra fuerte vida de oración y nuestro enfoque en hacer lo correcto. O podemos renunciar a toda esta responsabilidad y dejarla a los medios de comunicación social, a las celebridades y sus amigos del colegio.

- **Nuestro peregrinaje de fe.** Sean un ejemplo para su peregrinaje de fe. Es probable que nuestros hijos recen, honren y sirvan a Cristo, sean voluntarios, paguen el diezmo generosamente, observen los sacramentos y sean fuertes en su fe si se crían en un hogar donde mamá y papá dan el ejemplo correcto.

- **Lectura y estudio.** No podemos enseñarles lo que no entendemos. Lean las Sagradas Escrituras y partes del Catecismo juntos en familia. Lean los

grandes libros católicos y enseñemos las lecciones que aprendemos a nuestros hijos.
- ENSÉÑENLES LA PASIÓN POR LA EUCARISTÍA. Desde una temprana edad enséñenles la reverencia y el amor por el Cuerpo de Cristo. Ayúdenles a entender los Sagrados Misterios y a nunca tomar la Santa Misa a la ligera.

Cuando estaba buscando otra voz para hablar sobre el concepto de transmitir la fe a nuestros hijos, no tuve que buscar más allá que el Diácono Mike Bickerstaff, mi amigo, cofundador y Jefe de Redacción de la revista en Internet "Integrated Catholic Life" (www.integratedcatholiclife.org.) El Diácono Mike está bien cimentado en nuestra fe y es un profesor nato a través de sus escritos y de su extensa labor en ministerios dentro de la Iglesia. También sé de la pasión que tiene para enseñar a la próxima generación nuestra fe católica y el cómo vivirla en plenitud cada día.

El Diácono Mike sirve en la Arquidiócesis de Atlanta. Fue ordenado en febrero del 2006 y está asignado a la Iglesia Católica de San Pedro Chanel donde es el Director de Educación para Adultos y Evangelización.

Fue cofundador de la exitosa Conferencia Católica de Negocios Anual de Atlanta y es el Capellán de la Conferencia de Negocios del Centro Teológico de Woodstock, Capítulo de Atlanta. También fue cofundador de los Capellanes de la Asociación de Negocios San Pedro Chanel y del Ministerio Matrimonios Son Alianzas, ambos sirven como modelos para ministerios parroquiales similares. El Diácono Mike y su esposa Cathy, viven en Roswell, Georgia. Tienen dos hijos adultos, dos nietos y un tercer nieto en camino.

Diácono Mike, cuando usted considera el futuro de los niños católicos hoy, ¿cuáles son sus mayores preocupaciones?

"Los niños de hoy están criándose en un mundo que es cada vez más hostil a la religión en general y al cristianismo en particular. Actualmente el enfoque pareciera ser el de mantener las prácticas y acatamiento de creencias religiosas dentro de las paredes de los edificios de las Iglesias, pero en mi análisis la tendencia es hacia la 'satanización' de todas las enseñanzas cristianas tradicionales para que algún día se las considere inaceptables en todo tiempo y lugar.

"¿Cómo podrán lidiar los niños con estas tendencias dado el hecho que no están recibiendo los fundamentos de las creencias básicas de la fe?"

Sabemos que incontables familias católicas no están transmitiendo la fe a sus hijos. ¿Cuál es el papel especial de un padre católico en la transmisión de la fe?

"¿Qué es lo verdaderamente importante? ¿Cuál es la única cosa necesaria? Si los padres tuviesen en cuenta estas cuestiones, posiblemente empezaríamos a tomar mejores decisiones. Estamos en este planeta con el propósito de prepararnos para y lograr comunión eterna con Dios en el cielo. Esta debería ser nuestra primera y más alta prioridad. En nuestra condición de padres y esposos tenemos la responsabilidad adicional de dirigir a nuestras familias hacia ese mismo fin. Los padres deberían proveer liderazgo mediante el ejemplo de sus vidas, así como mediante su enseñanza de palabra."

¿Qué está impidiendo que esto sea la norma en los hogares católicos hoy día? ¿Cuáles son los obstáculos?

"Yo creo que el mayor obstáculo son las prioridades erróneas y peligrosas que resultan del hecho de no entender la naturaleza de nuestra vocación y el propósito para el que Dios nos creó. Por eso hice esas dos preguntas anteriores.

"En primer lugar, los papás deben estar presentes en sus familias. Un papá que está presente es uno que, por lo menos, pone a su familia como una alta prioridad. Eso es un buen comienzo.

"En segundo lugar, él debe valorar en mayor medida las cualidades interiores por encima de los talentos y destrezas naturales y aprendidas. Por ejemplo, sin desmerecer la importancia de la excelencia artística, atlética o académica, otras cualidades son más importantes: la honradez, honor, fidelidad, compasión, confiabilidad y el amor a Dios."

¿Cómo puede el hombre católico reencaminarse y demostrar verdadero valor en su condición de líder espiritual de su familia?

"Lo primero y lo más importante es que el padre y esposo católico debe entregarse a Cristo. Debe cuidar de su propia conversión y desarrollo espiritual. Debe vivir una vida que es auténtica, que apareja lo que dice con lo que hace, y una vida que está conforme al plan de Dios.

"En segundo lugar, él debe involucrarse tanto en la vida y desarrollo espiritual de sus hijos como lo está en sus actividades deportivas; emocionarse tanto por la Primera Comunión de un hijo como lo está cuando el equipo de su hijo gana el campeonato de fútbol."

Si usted tuviera una oportunidad para hacer entender a los padres y abuelos católicos la urgencia de la necesidad de su activa participación en el bienestar espiritual de sus familias, ¿qué les diría a ellos?

"Yo no creo que los sondeos, las encuestas y los estudios les revelarían algo que ellos no saben ya en su interior: el buen ejemplo que ellos dan a sus hijos desde la más temprana edad posible va a tener un impacto más drástico que cualquier otra cosa.

"Los niños ven a su mamá y a su papá, especialmente a sus padres, y graban lo que ven. Los niños son como grabadoras de video, que están filmando películas caseras en forma constante. A medida que son mayores, empezarán a enfrentar oportunidades, problemas y situaciones que les plantearán retos. Y ellos van a buscar a profundidad en sus memorias y van a recuperar esa película casera que les enseña como usted manejó un reto similar.

"Somos los principales maestros de nuestros hijos. Asegúrese de saber lo que les está enseñando.

"Es bastante difícil crecer obteniendo sabiduría eterna y viviendo de acuerdo al amor de Dios en el mundo mundano de hoy en el que la inmoralidad y la irreligiosidad son festejados. Es casi imposible hacerlo sin un padre que sea Cristo para su familia."

Quiero retarlos a hacer unas cuantas cosas. Miren a sus hijos cuando estén durmiendo esta noche y piensen cómo pueden prepararlos para el mundo verdadero. Pregúntense si ellos están encaminados a ser personas llenas de fe, desinteresadas e impulsadas por valores en un mundo que necesita desesperadamente esos rasgos. Por último, tengan la esperanza de que un día cuando ellos tengan sus propios hijos, escucharán los ecos de su influencia positiva en sus vidas y que transmitirán ese tesoro invaluable a sus propios hijos.

PREGUNTAS PARA LA REFLEXIÓN

1. ¿Transmito lecciones de vida a mis hijos de manera intencionada?

2. El Diácono Mike Bickerstaff retó a un padre a "involucrarse tanto en la vida y desarrollo espiritual de sus hijos como lo estaba con respecto a sus actividades deportivas." ¿Soy culpable de no hacer esto? ¿Este capítulo me ayudó a calibrar nuevamente mis prioridades?

3. ¿Cuáles fueron las lecciones acerca de la vida y la fe más poderosas que aprendiste de tus padres, especialmente de tu papá?

4. El Diácono Mike Bickerstaff nos dijo, "Los padres deberían proveer el liderazgo mediante el ejemplo de sus vidas así como por su enseñanza oral." ¿Este

soy yo hoy? ¿Por qué sí o porque no? ¿Qué es lo que cambiaré para vivir a la altura de esta norma?

CAPÍTULO ONCE

La Familia Virtual

¿Hemos tirado la toalla y permitido que el mundo electrónico en el que vivimos críe a nuestros hijos por nosotros? ¿Estamos contribuyendo al problema con los ejemplos que estamos dando a nuestros hijos?
— El autor —

Llevé mi familia a cenar una noche después de la práctica de lacrosse de mi hijo menor. Mientras estábamos poniéndonos al día con las actividades de cada uno y haciendo planes para el próximo fin de semana, me di cuenta que una familia estaba sentada en la mesa al lado de la nuestra. Lo que me llamó la atención era que el papá estaba usando su iPhone para contestar un correo electrónico, la mamá estaba texteando y su hija adolescente también estaba texteando—¡todos al mismo tiempo! Esto siguió durante todo el transcurso de la comida y no creo que hayan tenido más de cinco minutos de conversación durante todo el tiempo que estuvieron sentados. Fue una cosa casi surrealista para mí ver a tres personas compartiendo una comida absortos en el mundo de sus dispositivos electrónicos individuales. Se me ocurrió que estaba viendo a una familia virtual en acción.

La memoria de esa noche se ha quedado conmigo y desde entonces he observado, con mucho más interés, a padres e hijos concentrados en las pequeñas pantallas delante de ellos mientras caminan, comen y viajan en auto. Traje a colación este tema en un almuerzo reciente con amigos, quienes manifestaron que tenían importantes retos con la frecuencia con la que sus adolescentes estaban texteando, y como ellos preferían comunicarse a través de este medio a tener una conversación verdadera.

¿Es esto progreso, o estamos dando un gigantesco paso hacia atrás en el desarrollo de nuestros hijos? ¿Hemos tirado la toalla y permitido que el mundo electrónico en el que vivimos sea el que críe a nuestros hijos por nosotros? ¿Estamos contribuyendo al problema con los ejemplos que estamos dando a nuestros hijos? Quiero dejar en claro que no soy anti-tecnología. Podría ser que me siento un poquito abrumado por las mismas herramientas y dispositivos que se hicieron para hacer que nuestras vidas sean más fáciles y eficientes. Lidio con mi propia adicción a mi iPhone y con responder a la avalancha de correos electrónicos que recibo cada día. Tenemos un Wii, computadoras e iPhones en nuestra casa, y todos vemos la TV. Pero también tenemos reglas claras. Restringimos el tiempo de uso de la computadora y tiempo para ver la tele de nuestros hijos, sus opciones de música y el contenido de lo que ven. Es una lucha constante para mi esposa y para mí vigilar la potencial influencia negativa de la tecnología y los medios, pero la alternativa a ser vigilantes es el penoso camino a convertirnos en una familia virtual. No podemos permitir que eso pase.

¿Cómo resistimos? ¿Qué pueden hacer los padres? En primer lugar, reconozcamos lo obvio: nuestros hijos están creciendo con formas múltiples y avanzadas de tecnología que no existían cuando éramos niños. Hay investigaciones que muestran una conexión clara entre el auge repentino de casos de DDA (Desorden de Déficit de Atención) y DDAH (Desorden de Déficit de Atención e Hiperactividad) y la naturaleza adictiva de los juegos complejos de computadora y vídeo.

Una encuesta nacional de la Fundación Káiser de la Familia reveló que los jóvenes menores de edad (de ocho a dieciocho años) ¡dedicaban un promedio de 7½ horas al día a medios de entretenimiento! La Generación Y (las personas que nacieron entre diez y treinta años atrás) también está experimentando problemas con la comunicación interpersonal. Les cuesta relacionarse con otros seres humanos fuera de la computadora y el texteo. Para una ojeada aleccionadora e informativa a los desafíos que enfrenta esta generación, lean el maravilloso libro del Dr. Tim Elmore, 'Generation iY: Our Last Chance to Save Their Future' [La Generación iY: Nuestra Última Oportunidad para Salvar su Futuro]. También, echen una mirada a sus sitios web: www.growingleaders.com y www.savetheirfuturenow.com

Ahora, quisiera hablarles de otra idea. Sería muy fácil para nosotros pensar, basado en lo que han leído hasta hora, que nuestros hijos y la cultura tienen la mayor responsabilidad de la creación de la "familia virtual." Me temo que no. Nosotros los padres, ustedes y yo, tenemos la mayor culpa. La responsabilidad de dar el ejemplo correcto, crear reglas apropiadas y ofrecer alternativas más sanas para nuestras familias está colocada directamente sobre nuestros hombros. Tenemos que hacernos a la idea de que nosotros estamos viabilizando el problema, o no mejorará. No podemos vivir más en negación y se necesita acción inmediata.

Salvo que pensemos mudarnos a una cabaña aislada en el bosque, vamos a encarar la inevitabilidad de que nuestras familias estén constantemente expuestas a toda clase de tecnología y medios en la escuela, en el trabajo y en el hogar. Esa es la realidad. Pero tenemos la habilidad y la obligación de imponer un grado de moderación y de ofrecer a nuestras familias opciones más apropiadas. Yo solamente estoy sugiriendo que reemplacemos lo que es dañino con lo que es beneficioso. Aquí hay seis acciones positivas que mi esposa y yo estamos tratando de seguir con gran esfuerzo en la crianza de nuestros hijos.

- Poner de lado los ídolos. Cada minuto dedicado a la TV, al texteo, computadoras, juegos de video y a nuestros teléfonos inteligentes es tiempo que no se utiliza para rezar y servir a nuestro Creador. A menudo nos olvidamos que estamos en el mundo, pero no somos del mundo. Estamos hechos para el cielo y no este lugar que se llama la Tierra. ¿Nuestras acciones cotidianas reflejan esta realidad?

- Responder a nuestras vocaciones. Como católicos debemos saber que nuestra vocación como padres es la de ayudar a nuestras familias (y a todos los demás) a llegar al cielo. Esto no pasará si no ponemos a Cristo en primer lugar en nuestras vidas y ciertamente en nuestros hogares. Si nuestros hijos nos ven rezar, asistir alegremente a Misa, acudir al Sacramento de la Reconciliación y presentarnos como voluntarios para ayudar a otros, lo más probable es que sigan nuestro ejemplo. Esta es la influencia más importante que podemos tener respecto a nuestros hijos. Además, no creo que nuestras familias lleguen al cielo vía correo electrónico o un mensaje de texto.

- **Leer un libro.** Hacer tiempo para leer y alentar a nuestros hijos a abrir un libro, no una página web. Introducir un tiempo en familia, libre de artefactos electrónicos, para la lectura. Si sólo nos ven con nuestras computadoras portátiles o viendo televisión, ellos probablemente imitarán ese comportamiento.

- **Hablar el uno al otro.** La Generación Y tiene problemas con la comunicación interpersonal, quizás debido a su adicción a textear o lo más probable porque no reforzamos esto en el hogar. Debemos mostrar un interés auténtico en las vidas de nuestros hijos y no aceptemos "bien" como la respuesta a todas las preguntas. Por si acaso, mamás y papás tienen que hablar entre ellos también (¡los chicos imitan lo que ven!).

- **La cena en familia es sagrada.** Esto es difícil, pero comprométanse a cenar juntos— cada noche si es posible. Aunque sea una parada rápida en el restaurante Chick-fil-A camino al entrenamiento de fútbol, las comidas (con los artefactos apagados) son el momento perfecto para ponerse al día y mantenerse involucrados en la vida de sus hijos. No se olviden de compartir su día también. Mis hijos sienten mucha curiosidad respecto a mi jornada de trabajo y mi compartir eso con ellos se convierte en una gran oportunidad para enseñarles acerca de la vida en el mundo real.

- **No seas un nabo de sofá.** Es un hermoso sábado por la tarde, están dando tu película favorita en la TV y estás esperando tener un poco de tiempo para relajarte— y oyes que los chicos están jugando juegos de video en el sótano. Los papás merecen un descanso (¡la verdad que sí lo merecemos!), pero necesitamos sacar a los chicos afuera para pasear en bicicleta, una caminata, jugar con la pelota o simplemente caminar lo más a menudo posible. Cualquier cosa que los involucra en actividad física y permite una interacción provechosa con otro ser humano es una mejor opción que Minecraft o Super Mario Bros.

Yo sé que lo que estoy proponiendo es difícil, pero la mayoría de los emprendimientos que valen la pena presentarán retos. O bien cambiamos de hábitos e influimos de modo positivo el comportamiento de nuestros hijos o nos hundimos en la comodidad sin sentido de nuestros mundos electronizados y dejamos que nuestros hijos estén mal preparados para el futuro. Una buena parte de esta ecuación está en el hecho de reconocer que nuestros hijos necesitan que seamos sus padres y no sus amigos. Amamos muchísimo a nuestros hijos, pero los amamos de tal modo que fijamos reglas y límites. El respeto debe ir de la mano con el amor cuando criamos a nuestros hijos o ellos no podrán funcionar en el mundo real.

Sospecho que un hombre que tiene mucho mejor comprensión de los desafíos de la tecnología que yo es Matt

Swaim. Matt es el productor del Programa SonRise Morning Show, que es transmitido a través de la Red de radios católicas ETWN Global Catholic Radio Network. Él es el autor de *'The Eucharist and the Rosary' [La Eucaristía y el Rosario]* y *'Prayer in the Digital Age' [Oración en la Época Digital]*. Su último libro, *'Your College Faith: Own It!' [Tu Fe Universitaria: Aprópiate de Ella]* fue escrito conjuntamente con su esposa, Colleen. Él y su familia radican en Cincinnati.

Matt, desde tu punto de vista, ¿cuál ha sido el impacto que la tecnología ha tenido sobre las familias católicas respecto a la oración y el modo que practican su fe?

"Como con todas las cosas, siempre van a haber aspectos positivos y negativos al uso de la tecnología en las familias, dependiendo de las tendencias personales y formación del usuario. Por una parte, he visto familias que ya no hacen contacto visual entre sí porque están constantemente prendidos a una pantalla, y por otra parte, he visto familias que se reúnen alrededor de un iPad para leer las palabras de la Oración de la Noche juntos después de la cena. San Pablo, escribiendo dos milenios atrás, fijó la norma para el uso de cualquier cosa consumible en 1 Corintios 6, 12, cuando escribió que, *'Todo me es lícito, pero no todo conviene. Todo me es lícito, pero yo no me dejaré dominar de nada.'*"

¿Qué pueden hacer los padres católicos para prevenir que la televisión, los juegos de video y el Internet roben a sus familias la paz e impacten de forma negativa su fe?

"No puedes combatir una cosa negativa con otra negativa. Honestamente creo que tantas familias dependen de la tecnología y del tiempo ante la pantalla para mantenerse ocupados porque sencillamente no tienen la energía para buscar algo mejor que hacer. ¿Por qué ir a un parque, o al zoológico, o jugar un juego de mesa, o leer a sus hijos cuando es mucho más fácil prender el Netflix y olvidarse del mundo? Con tantas distracciones tecnológicas a nuestro alcance inmediato, requiere esfuerzo crear el tipo de entorno familiar que alienta la actividad e interacción entre las personas. Podrá parecer cursi, pero yo no veo mal hacer una lista de actividades, la mayoría de ellas de bajo costo o gratuitas, que puedo hacer con mi familia en forma inmediata: cosas como ir al parque, jugar a la pelota, comprar víveres o incluso cocinar juntos. Aun cuando conversaciones acerca de la fe no se produzcan en esos escenarios interactivos, sigue siendo una oportunidad para crear relaciones y una vía de comunicación en la que mi familia se siente lo suficientemente cómoda conmigo para hablar acerca de la fe cuando sea el momento oportuno."

¿Crees que estamos permitiendo que estos viabilizadores tecnológicos sirvan como "padres sustitutos" para nuestros hijos? ¿Una versión moderna de la niñera?

"No te puedo contar cuántas veces he estado en la tienda de víveres y he visto a niños ocupados con tabletas o teléfonos inteligentes mientras sus padres escogen verduras, o cuántas veces he visto niños boquiabiertos mirando fijamente programación aburrida mientras los padres están ocupados con tareas de la casa. Existen tiempos y lugares en los que puede ser útil sentar a un niño enfrente de una película mientras tú haces algo importante, pero es demasiado fácil en la cultura de hoy entregar las riendas de los padres a un programa para niños que podrá o no estar inculcando en tus niños los valores que a ti te interesa que tengan.

Creo que el problema mayor de nombrar a la televisión, al teléfono inteligente o a la tableta como la niñera es que tú no sabes qué clases de mensajes tus hijos están recibiendo de su niñera digital. Lo que podría parecerte elemental a ti, un adulto con una consciencia con una formación razonable, podría ser tierra moral totalmente nueva para tu hijo quien podría estar oyendo el punto de vista sobre un tema importante por primera vez de un personaje de dibujo animado mientras tú no estás presente."

Como un hombre católico que está felizmente casado y con un hijo joven, ¿cuáles dirías tú que son los beneficios de utilizar la tecnología para ayudarnos a crecer en nuestra fe?

"Hay tantas excelentes maneras de usar la tecnología para compartir la fe en nuestros hogares. Ya sea para buscar la liturgia de las horas en un teléfono inteligente, imprimiendo hojas a colores o páginas con actividades de lugares como catholicmom.com o catholicheroesofthefaith.com, o aun algo tan sencillo con hablar por video conferencia con los abuelos después de cenar. Hay aparentemente incontables oportunidades para usar estas herramientas para el bien. Particularmente, me encanta poder mostrar fotografías del gran arte católico a mi familia con base a una búsqueda rudimentaria en el Internet. Es probable que nunca llegue a Roma o Florencia pero puedo llevar una pequeña muestra de ellas a mi casa a través del Internet."

Desde tu punto de vista y conociendo el hecho que nuestra juventud católica está ya firmemente apegada a toda clase de artefactos desde el iPhone hasta el xBox, ¿hay modos de usar estas herramientas para tener llegada a ellos con mensajes positivos para ayudarles a permanecer dentro de la Iglesia? ¿Especialmente a nuestros jóvenes varones?

"Debo remarcar dos puntos importantes aquí. Primero, es imposible ignorar la marea creciente de la tecnología. Está aqui en forma permanente. Todos están conectados y casi no hay nada que hacer. Si queremos predicar el evangelio y ser luces para Cristo en la cultura, debemos llevar su luz a los lugares donde las personas lo necesitan en forma desesperada. Debemos ser tecnológicamente astutos, compasivos de modo innovador y no tener vergüenza del Salvador que nos ha redimido.

"En segundo lugar, debemos asegurarnos que en nuestro apuro para entablar contacto con la cultura, no nos dejemos engullir en sus principios rectores o nos dejemos enamorar excesivamente de sus métodos de transmisión. Podemos tener los mejores artefactos, los sitios web más de moda y la mejor investigación de mercadotecnia, y todavía ser lo que San Pablo llama un *gong ruidoso o un platillo estrepitoso*. Pienso que una de las razones principales por las que hemos cedido tanto terreno con la última generación de usuarios de tecnología es porque hemos tenido miedo de audazmente defender nuestra fe utilizando la razón y el intelecto. En el esfuerzo por presentar la fe en frases cortas hemos, de hecho, insultado la inteligencia de todo una generación, que ha llegado a la conclusión generalizada de que las personas de fe no son realmente tan inteligentes y que son los ateos los que confían en ellos lo suficiente como para decirles la verdad respecto a las cosas. Tenemos que vivir la fe en forma alegre, inteligente y con un espíritu de entablar contacto si es que queremos que las personas dejen de ver sus teléfonos inteligentes y que hagan preguntas acerca de cuestiones de fe que quizá ni siquiera sabían que pesaban en sus corazones."

Déjenme pedirles que se imaginen un tiempo de aquí a más de veinte años de hoy. Los chicos están casados, ocupados en carreras profesionales importantes y tienen hijos propios. Practican en forma activa su fe católica, pasan tiempo de calidad con su familia y dan generosamente de su tiempo para ayudar a otros en la comunidad. Este es un cuadro feliz y uno que espero que todos querríamos ver que se convierta en realidad. Ahora las preguntas importantes: ¿estamos haciendo todo lo humanamente posible para ayudar a nuestros hijos a lograr esta clase de futuro? ¿Somos una "familia virtual" o somos una familia bien encaminada con sus prioridades en orden?

No sé ustedes, pero mi familia todavía tiene mucho trabajo por delante respecto a estos temas.

PARTE II — LA FAMILIA

PREGUNTAS PARA LA REFLEXIÓN

1. ¿Cuál es el ejemplo que doy a mi familia cuando se trata de la tecnología? ¿Estoy a menudo trabajando en la computadora cuando estoy en casa? ¿Tengo un teléfono inteligente en mi mano frecuentemente?

2. ¿Soy culpable de permitir que mi familia haya ido a la deriva hacia ser una "familia virtual" como la descrita por el autor? ¿Estoy dispuesto a revertir la tendencia?

3. Matt Swaim apunta varias cosas respecto a los modos saludables de usar la tecnología para compartir nuestra fe e interactuar con nuestros hijos. ¿Puedo seguir sus útiles sugerencias y no ser engullido por mis "viabilizadores" tecnológicos? ¿Puedo lograr el equilibrio correcto?

4. El autor sugiere que hacer que la cena en familia sea sagrada y el sencillo hecho de conversar son formas de combatir los aspectos negativos de la tecnología. ¿Puedo yo por lo menos tomar estos pasos en un esfuerzo de avanzar hacia el logro de tener un equilibrio saludable en el hogar?

―― PARTE III ――

EL TRABAJO Y LA PLAZA PÚBLICA

CAPÍTULO DOCE

La Diferencia que una Hora Puede Hacer

Quizás fue el sentirme culpable o la inspiración del Espíritu Santo, pero nada parecía en ese mismo momento tan importante como volver a casa a mi esposa e hijos.
— El autor —

El lunes entre esta última Navidad y el Día de Año Nuevo, tuve que trabajar durante parte del día para reunirme con unos cuantos clientes y atar unos cabos sueltos de fin de año, y hacer algunos preparativos para el Año Nuevo. Fue difícil separarme de mi familia durante los días feriados, especialmente porque mis hijos que se aburren fácilmente estando en vacación del colegio. Me sentía culpable, pero tenía que ser un buen administrador de mi negocio y de mis responsabilidades económicas y terminar algo de mi trabajo.

La última reunión del día era un almuerzo tardío con un nuevo cliente potencial que se había puesto en agenda bastante tiempo atrás. Me llamó treinta minutos antes de nuestra cita para disculparse y decir que no iba a poder reunirse conmigo. Suprimiendo mi ligera irritación, fijamos nueva fecha de cita para otro día. Estaba frente a una hora extra inesperada. ¿Qué hacer? Bueno, tenía una pila de documentos en la oficina que tenía que atender. Quizás podría dejar mensajes para algunos de mis clientes o enviarles correos electrónicos en un esfuerzo para tratar de empezar a completar mi agenda de reuniones para después de los feriados. Quizá podría encontrar un lugar tranquilo para escribir un nuevo mensaje para ese nuevo blog de negocios que había estado pensando hacer hace varias semanas.

No hice ninguna de esas cosas y más bien me fui a casa. Quizás fue el sentirme culpable o la inspiración del Espíritu Santo, pero en ese momento nada parecía tan importante como volver a casa a mi esposa e hijos. Cuando ingresaba a la entrada al garaje, vi a mi hijo de trece años practicando su tiro con una nueva pelota de básquet que recibió como regalo de Navidad. Sin intercambiar una sola palabra nos turnamos haciendo tiros a la canasta durante media hora. Éramos simplemente padre e hijo divirtiéndose y disfrutando estar juntos.

Entonces él rompió el silencio. "Papá, ¿por qué ese muchacho se suicidó?" La discordante pregunta de mi hijo se refería a un estudiante de secundaria del pueblo que se había suicidado algún tiempo atrás, un hecho que nuestra familia había comentado durante la cena una noche después de que ocurrió la tragedia. Después de hablar sobre las posibles razones por las que ese joven decidió quitarse la vida, platicamos acerca de cuán difícil es hoy día para los jóvenes lidiar con las enormes presiones que ejercen sobre ellos la escuela, sus pares, la sociedad e incluso sus padres. Creo que mi hijo sintió alivio de poder hablar sobre ese tema (dijo que era algo que había tenido en mente durante varios días) y parecía estar tranquilo después que terminamos de hablar. Yo me sentí muy agradecido en ese momento al confirmar que mi hijo toma nuestra fe católica en serio y entiende que tenemos los maravillosos recursos de la oración y la intercesión de los santos, especialmente de nuestra Santísima Madre, cuando nos enfrentamos a dificultades. Estoy especialmente feliz de que él se haya sentido cómodo hablando conmigo sobre este tema tan doloroso en vez de lidiar con él solo.

Quizás sólo otros padres entenderán, pero yo me sentí aún más agradecido por haber estado ahí para ayudar a mi hijo cuando necesitaba desahogarse y escuchar el consejo y explicación de alguien en quien él confiaba. Me hubiera perdido esta maravillosa oportunidad si hubiera optado por alguna de las otras tareas no cruciales que pudiese haber escogido. Aquí hay una lección profunda que realmente me impactó y posiblemente a muchos lectores de este mensaje también: *necesitamos estar más atentos a las opciones que escogemos respecto a dónde pasamos el tiempo.*

Cuando analizamos cómo pasamos el tiempo, yo los aliento a todos a que pongamos más pensamiento y discernimiento a nuestras agendas apretadas y reconozcamos que quizá tengamos que repensar nuestras prioridades. ¿Estamos permitiendo que lo no importante excluya lo importante? ¿Estamos perdiendo oportunidades como la que tuve la bendición de compartir con mi hijo debido a trámites, poniéndonos al día con los correos electrónicos, o devolviendo una llamada telefónica más? ¿Controlamos nuestro calendario o nos controlan a nosotros nuestros calendarios? ¿Estamos demasiado concentrados en la búsqueda de tesoros mundanos cuando podríamos pasar más tiempo en oración, en Misa, con nuestros seres queridos o en el servicio de otros más necesitados?

Un modo de ser más serio y perceptivo respecto al tiempo y las prioridades es rezar el Examen Diario (ver apéndice tres), que he utilizado desde 2007. En el Examen, se nos reta cinco veces al día a separarnos del mundo por sólo unos pocos minutos para rezar y meditar respecto a dónde estamos y qué estamos haciendo— y discernir las lecciones que Dios pudiese tener para nosotros en las personas y las situaciones con las que nos encontramos durante el día.

Esta excelente herramienta ha sido un soporte fundamental en mi vida de oración y yo espero que todos los lectores de este libro consideren utilizarla.

Justo unos cuantos días atrás en una conversación con mi hijo, fui testigo con mis propios ojos de la increíble diferencia que puede hacer una hora en una sencilla elección que hice. A la espera de comenzar un nuevo año, ¿qué diferencia provocarán las elecciones que hacemos respecto a cómo pasamos el tiempo en nuestras relaciones con Cristo, en la práctica de nuestra fe, en el tiempo que pasamos con nuestros seres queridos y las causas importantes que requieren de nuestra ayuda? Acuérdense que uno de los regalos más significativos que podemos dar a nuestros hijos no exige envolturas finas ni un gran moño rojo. Ese regalo simplemente se llama *tiempo*.

A lo largo de los años tuve la bendición de hablar con incontables hombres católicos quienes tienen un influjo positivo en las vidas de otros hombres católicos. Uno de esos hombres es Andy Mangione. Andy está casado con Amy y ellos viven en Louisville, Kentucky con sus dos hijos, Andrew y Daniel. Andy es muy activo en su parroquia como lector y en el Programa de Educación Religiosa de la Parroquia como instructor. También es el anfitrión de un programa de radio semanal que se centra en padres que crían a sus hijos para ser hombres de Dios. El programa, 'His Father's Apprentice' ['El Aprendiz de su Padre'] es difundido en la estación de radio católica de Louisville, WLCR AM 1040. En su vida profesional, Andy es el Vice Presidente de Relaciones Gubernamentales de la Asociación de Ciudadanos Americanos de Edad Madura (AMAC por sus siglas en inglés).

Cuando no está en el trabajo, Andy disfruta pasando tiempo con su familia, especialmente llevando a sus hijos a exhibiciones de automóviles en su descapotable clásico.

He tenido la oportunidad de hablar acerca de esta idea de pasar tiempo de alta calidad con la familia en varias oportunidades en su programa de radio, y lo he contactado para captar sus pensamientos para este libro.

Andy, tú has estado involucrado en el ministerio católico para hombres durante muchos años. ¿Cuáles dirías que son los desafíos mayores que enfrentan los hombres católicos de todas las edades cuando se trata de hacer lo que es importante y de pasar tiempo de calidad con nuestros seres queridos?

"Yo diría que el desafío más grande que enfrentan muchos hombres católicos hoy es la cantidad de distracciones que encaramos diariamente. Constantemente hay más demandas sobre nuestro tiempo y entregamos el control de nuestras agendas a eventos seculares. Lo que estamos haciendo es sacrificar tiempo precioso que se podría pasar en forma alegre y con fe con la familia por algo que nos aleja del hogar, que es la Iglesia doméstica. Los eventos organizados pueden transmitir maravillosas lecciones, sin embargo, sé de un feligrés de mi parroquia cuya hija ha asistido a un importante campeonato de lacrosse que se realiza cada año en un lugar diferente del país durante las vacaciones del Día de Acción de Gracias. En verdad juegan el Día de Acción de Gracias. ¿Es esto realmente necesario?"

¿Los hombres católicos carecen de buenos modelos de conducta? ¿Dónde podemos ver el ejemplo correcto a seguir respecto a las prioridades?

"Hay una gran cantidad de buenos modelos de conducta católicos para los hombres y muchos de ellos se pueden hallar dentro de su propia parroquia. Pero tiene que hacer el esfuerzo de buscarlos. Esto se puede lograr simplemente asistiendo a las reuniones de compañerismo de los hombres en su parroquia. Existen más que unos pocos buenos modelos de conducta en mi grupo de compañerismo, hombres que practican su fe. Son hombres que yo quiero imitar, y se pueden encontrar en cada parroquia si sólo los busca."

Andy, permíteme cambiar de tema. Si pudieras dirigirte a un grupo de hombres católicos cuya edad oscilara entre adolescentes y abuelos, ¿cuál sería tu consejo para ellos acerca de cómo vivir vidas católicas con fidelidad y valentía?

"Yo alentaría a los hombres católicos a no tener miedo de ser católicos. Practiquen su fe en forma alegre. Ya sea que se persignen al tiempo de rezar pidiendo un viaje seguro a bordo de un avión en un viaje de negocios, o rezar una bendición de la comida en familia antes de comer en un restaurante, que los vean actuar como católicos. Hagan algo fuera de lo ordinario. Hagan un retiro con otros hombres. Recen con otros grupos católicos afuera de una clínica de aborto, hablen con sus amigos y familia sobre su fe, o dense tiempo para rezar el Rosario o por lo menos parte de él frecuentemente. Rétense a aprender más acerca de este maravilloso don de la fe que poseemos como católicos. Yo les garantizo que cuánto más sepan acerca de la fe católica, más ardiente será su fe. Y muchachos, ¡sean los líderes espirituales en sus hogares, sean modelos de la fe para sus hijos y pasen tiempo con ellos!"

Cuando hay un padre que no está con su familia puedes apostar que existen incontables malas influencias listas para tomar su lugar y guiar a sus hijos en la dirección equivocada. Quiero parafrasear a Dr. Scott Hahn quien en algún momento dijo que en nuestra edad moderna el padre o madre que está dispuesto a salir de la oficina después de cuarenta horas para tener más tiempo para estar con su familia es el verdadero héroe.

Nuestra vocación como padres y esposos es la de ayudar a nuestras familias a llegar al cielo. Desaceleraremos lo suficiente como para dar un buen ejemplo, estar presentes y darles el tiempo de calidad que ellos necesitan, que a su vez es una bendición que vuelve a nosotros.

PREGUNTAS PARA LA REFLEXIÓN

1. La descripción del autor de escoger entre correos electrónicos sin importancia u otros trabajos en vez de capturar tiempo libre de calidad con nuestros hijos, ¿tiene resonancia conmigo? ¿He tenido yo una experiencia similar?

2. Cuando mi esposa o hijos me necesitan en esos momentos importantes de la vida y yo estoy distraído u ocupado con algún otro asunto, ¿a quién acuden? ¿Estoy renunciando a una de mis más importantes responsabilidades cuando me concentro en tareas sin importancia en vez de estar con ellos?

3. ¿Puedo ver la relación entre activamente abrazar mi fe y tener las prioridades correctas? ¿Me doy cuenta que están relacionadas y que si estoy viviendo una fe católica auténtica tendré en orden mis prioridades?

4. El autor preguntó: "¿Nosotros controlamos nuestras agendas o nos controlan a nosotros nuestras agendas?" ¿Cuál es mi respuesta a esta pregunta? ¿Me gusta la respuesta?

CAPÍTULO TRECE

¿Estamos Trabajando para la Gloria de Dios o Para la Nuestra?

> Cuán frecuentemente nos centramos tanto en nuestras 'ocupaciones' y nos convencemos que todo ello es para Dios y nuestras familias cuando posiblemente lo estemos haciendo para nosotros mismos y nuestra propia satisfacción
> — El autor —

> El trabajo no debería ocupar tal cantidad de tiempo de nuestro día que ocupe el tiempo que debería estar dedicado a Dios, a nuestra familia, a nuestros amigos... Si esto ocurriera sería una señal clara de que no estamos santificándonos a través del trabajo, sino que más bien estamos simplemente buscando nuestra propia satisfacción en él.
> — Francis Fernández —

Tengo la bendición de ser un custodio de la Eucaristía en mi parroquia y el estar una hora cada semana ante la Presencia Real de Cristo ha sido una bendición increíble en mi vida; la meditación y el tiempo de oración han sido la inspiración de gran parte de mi obra escrita. Me acuerdo haber ido a la Adoración del Santísimo unos años atrás con un deseo sincero de estar en paz y escuchar. Por lo regular, tengo demasiadas distracciones en mi vida y yo quería ofrecer mis penas a nuestro Señor en oración, pedir ayuda y escuchar esperando pacientemente su respuesta. Mi mente se mantuvo en calma por solamente un breve período de tiempo antes de que el grupo acostumbrado de voces chillonas en mi cabeza empezaran a sonar, "¿Por qué Dios no ha contestado todavía mis oraciones? Me pregunto si mi reunión con un cliente esta tarde será exitosa. Tengo un millón de mandados que hacer después del trabajo. ¡Nunca terminaré de contestar todos esos correos electrónicos!" Y, "¿Me pregunto qué hay de cena esta noche?" ¡Había estado en la capilla por solo unos minutos y ya estaba en graves problemas!

En vez de tirar la toalla, decidí reflexionar sobre mis actividades y analizar donde estaba tropezando. Repasé los acontecimientos de la semana pasada en mi mente. En vez de disfrutar del momento tranquilo de oración que tanto amo temprano cada mañana, estaba reemplazando ese tiempo con trabajos para el 'Integrated Catholic Life eMagazine' [La Revista Electrónica de Vida Católica Integrada], escribiendo mensajes para el blog y artículos para varios distribuidores y contestando correos electrónicos. A medida que examinaba el frenético y altamente cafeinado ritmo que estaba siguiendo, me di cuenta que estaba actuando como el trabajador compulsivo del que creía me había deshecho años atrás cuando me convertí a la Iglesia Católica. El Examen Jesuita Diario (ver el apéndice tres) que me proporcionaba breves momentos de oración y reflexión durante mi día atareado había sido desplazado por mi agenda tan ocupada. Estaba emprendiendo cuestiones de trabajo durante las últimas horas del día cuando mi esposa y yo solíamos disfrutar momentos tranquilos juntos. Tenía la sensación que estaba descontrolado y que necesitaba con urgencia reencaminarme.

La oración no me estaba funcionando y el reflexionar sobre mi reciente agenda frenética era deprimente, por lo que decidí centrarme en mis lecturas espirituales para buscar ayuda. A través de los años siempre hallé gran consuelo y prudente sabiduría en los escritos de Francis Fernández y su maravillosa serie de libros 'In Conversation with God' [Hablar con Dios]. Abrí en la página marcada para ese día (259) en el Volumen 3, que trata acerca de la dignidad del trabajo. Unos minutos más tarde tuve una revelación cuando leí las siguientes palabras que tan desesperadamente necesitaba: "El trabajo no debería ocupar tal cantidad de tiempo de nuestro día que ocupe el tiempo que debería estar dedicado a Dios, a la familia, a nuestros amigos . . . Si esto pasara sería una señal muy clara de que no nos estamos santificando por medio de nuestro trabajo, sino que simplemente estamos buscando nuestra propia satisfacción." Había caído en la trampa de pensar que todo mi trabajo duro en mi carrera profesional y para la Iglesia siempre era para otras personas, cuando quizás una de mis motivaciones había sido que era para mi propia satisfacción. Fue muy difícil admitirlo, pero tuve que reconocer que podría ser cierto.

Del don del autoconocimiento que Cristo me dio cuando reflexionaba sobre mi comportamiento reciente, al darme cuenta de que necesitaba hacer algunos cambios, y en la revelación que Él me dio en los escritos de Francis Fernández, Cristo contestó mis oraciones completamente esa mañana. Nuestro Señor me dio todo lo que Él sabía yo necesitaba. Me di cuenta que necesitaría trabajar duro y mucha oración para poder hacer los cambios necesarios, pero necesitaba restablecer la paz y el sentido de equilibrio en mi vida.

Pocos días después oí una homilía del antiguo vicario de nuestra parroquia, el P. Henry. Él habló sobre el tema de deshacernos de los obstáculos que nos separan de Cristo durante Cuaresma (como mencionamos en el Capítulo Uno). El P. Henry nos retó a examinar lo que estaba impidiendo que tengamos una relación más fuerte con Cristo y que renunciemos a esos obstáculos dañinos durante la Cuaresma. Yo tuve otra revelación cuando me di cuenta que necesitaba en forma urgente más tiempo en tranquilidad.

Nunca tendría paz ni volvería a la rica vida de oración que había anteriormente disfrutado si no eliminaba la mayoría de mis distracciones. Entonces, renuncié a la televisión, radio y tiempo innecesario en la computadora durante la Cuaresma, y he trabajado duro para minimizar estas distracciones lo más posible desde entonces. ¡Ese cambio ha tenido un enorme impacto positivo en mi vida!

Antes de que decidas que estoy loco y que esto no es nada práctico, dame el gusto de escucharme un poquito más. Estoy en mi carro más de noventa minutos cada día. El eliminar la mayoría del tiempo ante la tele me ha ayudado a reconectarme con mis lecturas espirituales en las noches. He eliminado el tiempo innecesario en la computadora fuera de mi trabajo y de la responsabilidad de editar la revista electrónica Integrated Catholic Life eMagazine, y he conseguido más tiempo significativo en familia. Apagando la radio y disfrutando del silencio, o escuchando cantos gregorianos u otra bella música, he convertido lo que antes era un tiempo muerto en un espacio maravilloso de oración y reflexión. Estos esfuerzos me están ayudando a reencaminarme y rezo todos los días para que siga centrado en las lecciones que he aprendido.

Así es que, hermanos míos, ¿qué he aprendido de estas experiencias? Que todo mi trabajo duro no tiene absolutamente ningún sentido si no es realizado para la mayor gloria de Dios y no para mi satisfacción personal. Debo tener cuidado respecto a como pongo en agenda cada minuto de mi vida. No es probable que el ruido que rodea nuestras vidas ocupadas desaparezca, pero nuestras reacciones pueden mejorar nuestro sentimiento de paz y nuestras relaciones con Cristo. Si realizamos esfuerzos coherentes e intencionados para desenchufarnos del ruido y reconectarnos con Dios mediante la oración y el silencio, eso podría ser quizás uno de los mejores usos del escaso tiempo que tenemos cada día. Mi orgullo como siempre se interpuso, pero esta experiencia me enseñó, nuevamente, valiosas lecciones en humildad. Esta experiencia volvió a confirmar uno de los temas centrales de este libro: *Sé que fui hecho para el cielo y no para este mundo.* Es probable que siempre esté yendo a tientas y tropezando hacia ese hogar celestial, pero por lo menos estoy en el camino correcto y yendo hacia adelante.

Como lo he hecho a lo largo de *Camino al Cielo*, busqué una opinión franca de otra voz que pudiera hablar con credibilidad sobre este tema. Esa persona es Kevin Lowry. Kevin M. Lowry es un entusiasta converso a la fe católica quien pasó más de veinte años en puestos seculares de gestión financiera y ejecutiva. Kevin actualmente ocupa el cargo de Gerente de Operaciones para la red internacional 'The Coming Home Network International', un apostolado católico que ayuda a clérigos y laicos que no son católicos en su peregrinaje hacia la

Iglesia Católica y en el seguimiento. También es el Gerente de Finanzas para 'RevLocal', una empresa de mercadotecnia del internet en rápido crecimiento.

El primer libro de Kevin se llama *'Faith at Work: Finding Purpose Beyond the Paycheck'* [*La Fe Trabajando: Encontrando un Objetivo Más Allá del Cheque de Pago del Sueldo*]. El libro anima a los lectores a integrar su fe y trabajo a fin de descubrir un nuevo sentido de propósito y acercarse a Cristo. También ha escrito para numerosas publicaciones católicas y sitios web tales como *Envoy, The Catholic Answer, New Covenant, The Integrated Catholic Life, Catholic News Agency* y *Catholic Exchange*. Su sitio web y blog están en www.gratefulconvert.com. Kevin y su esposa Kathi tienen ocho hijos.

Kevin, en tus experiencias como líder empresarial y escritor, ¿cuáles crees que son los principales retos para los hombres católicos en sus lugares de trabajo hoy?

"Uno de los mayores retos es la seducción de sentir que todo lo que vemos es todo lo que existe. Es fácil volverse centrado en valores mundanos y dividir en compartimentos nuestra fe. Especialmente en el contexto del entorno altamente competitivo del mercado laboral, hay presiones constantes para hacer más con menos, ser grandes líderes, aceptar más responsabilidades, ganar más dinero—y hacerlo todo mientras uno mantiene un equilibrio en el hogar. Esto puede llevar a un conjunto de expectativas impuestas desde afuera que puede ser abrumador.

"Al mismo tiempo, el problema más grande tiende a existir entre nuestras orejas. Desde mi punto de vista, el reto de mayor envergadura para los hombres católicos en el mercado laboral es el de mantener una actitud sincera de humildad. Esto se está volviendo una característica cada vez más rara, aunque por suerte el papa Francisco ha estado dando el ejemplo en este sector. Por muchas razones la humildad es una virtud básica y el fundamento del verdadero trabajo en equipo. Por lo tanto no es únicamente nuestro reto mayor, sino también nuestra oportunidad más importante.

"Desde un punto de vista práctico, hay también una tendencia natural, para los hombres especialmente, a centrarse en el trabajo hasta el punto de excluir otros aspectos importantes de la vida. Hay invitaciones al desorden por doquier, reclamando nuestra atención. Como resultado, crecer en santidad se vuelve aun más urgente."

¿Por qué los hombres católicos tienen problemas con estas cuestiones? ¿Cómo superarlos?

"Los hombres católicos tienen que ganarse la vida igual que cualquier otra persona. Así que conseguimos un trabajo en algún sitio y es verdaderamente fácil vernos absorbidos por la cultura de la organización o entorno en el que trabajamos. Queremos ser buenos en nuestros trabajos y tener éxito, pero podría haber áreas de conflicto con nuestra fe—si, por ejemplo, una compañía está completamente dedicada a hacer dinero.

"Ahora bien, esto podría parecer una herejía capitalista pero piénsenlo de esta manera. Si eres un equipo de basquetbol profesional, tú quieres ganar el partido. ¿Ganas por mirar el marcador todo el tiempo? No. Juegas el partido lo mejor que puedes y el marcador reflejará tus esfuerzos. El dinero es un medio, no un fin. El fin apropiado son las personas. Servir a las personas *es* servir a Dios. Ganar dinero es algo excelente, pero no puede ser la única razón de ser de una empresa o una persona.

"Trabajaba para una firma de contabilidad orientada a prestar servicios. Si me hubiera presentado a clientes potenciales diciendo que mi meta era ganar dinero, ¿qué hubieran pensado? Más bien, el enfoque era prestar servicios, devolviéndoles valor por su dinero. Esto sí tenía resonancia. Con organizaciones con fines de lucro y sin fines de lucro, del gobierno, no importa—la meta principal debería ser la de servir.

"Como hombres, solemos caer en la trampa de auto identificar quienes somos con lo que hacemos para ganarnos la vida. Yo también he sido culpable de esto. Se requiere una perspectiva espiritual para liberarse de esto. Nuestros egos nos dicen que todo se trata de nosotros mismos, pero eso no es lo que nos dice nuestra fe. Si realmente entendemos esto correctamente y la humildad reemplaza al orgullo como nuestro modo habitual de pensamiento, no hay límite a lo que Dios puede lograr por intermedio nuestro."

Mencionaste el orgullo y cuán a menudo nuestra falta de humildad se interpone. ¿Crees que nosotros, como hombres católicos, nos olvidamos con frecuencia que debemos trabajar para Su Gloria en vez de trabajar para la nuestra?

"¡Oh, sin duda! Por esto es que es tan importante permitir que la fe penetre cada aspecto de nuestras vidas: trabajo, dinero, relaciones, todo. Por esa razón es que estoy tan agradecido de haber sufrido grandes reveses en mi vida además de maravillosos éxitos (la primera línea de la historia de mi conversión es 'Una de las mejores cosas que me hayan pasado espiritualmente fue haber sido expulsado de la Universidad Franciscana de Steubenville'). Parece poco lógico, pero realmente cometer un gran error de vez en cuando nos ayuda a mantener nuestra total dependencia en Dios.

"Al fin de cuentas, parte de la perspectiva que necesitamos fluye de la gracia, y como católicos, uno de los aspectos más extraordinarios de nuestras vidas es la gracia sacramental. Todavía sigo asombrado por el hecho de poder recibir la Eucaristía. Como converso, creo que la Confesión es una de las experiencias más poderosas jamás vista. Y para nosotros que estamos casados, el Sacramento del Matrimonio es uno de los sacramentos menos apreciados. Mi esposa realmente tiene un efecto altamente santificador en mí, de un modo bueno, y también sirve de impedimento a mi orgullo.

"Solo para ilustrar este punto un poquito más, he disfrutado hasta ahora de una carrera bastante exitosa, a pesar de tener una esposa y ocho hijos. ¿Pero es realmente a pesar de la familia, o será debido a ellos? Con la ayuda de la visión retrospectiva, ahora creo que ellos han sido la razón detrás de mi éxito de modos que antes nunca consideré. Siempre trabajé más duro, siempre estuve más concentrado, asumí riesgos mayores e intentaba ser más eficaz precisamente porque estaban contando conmigo. No fui exitoso a pesar de ellos, fue *debido* a ellos y *para* ellos. Es algo hermoso."

Tanto tú como yo hemos escrito extensamente sobre el tema de integrar la fe y el trabajo. ¿No tenemos, como hombres católicos, una vocación especial para vivir en forma abierta nuestra fe en el trabajo? ¿Esto está ocurriendo?

"Una de las razones por las que escribí mi libro 'Faith at Work: Finding Purpose Beyond the Paycheck' [Fe en el Trabajo: Encontrando un Objetivo Más Allá del Cheque de Pago] fue porque yo quería animar a las personas a integrar la fe y el trabajo de un modo sencillo, práctico. Es casi como si estuviéramos condicionados a creer que la fe es algo que deprime, un agua fiestas o una manera rígida de pensar, cuando nada está más alejado de la verdad. Cuando aplicamos nuestra fe a cualquier área de nuestra vida, traemos sabiduría de los siglos y la gracia de nuestro Creador a colación. Si vivimos nuestra fe en el trabajo, los católicos se convierten en mejores trabajadores y los trabajadores se convierten en mejores católicos.

"Aceptémoslo, tenemos la vocación de vivir nuestra fe en el trabajo y en todo lugar. Al traer nuestras virtudes masculinas a colación, existe una enorme oportunidad, y sucede, una persona, un día a la vez. Puede que resulte en las cosas pequeñas, como rezar una corta oración antes de una reunión o discusión difícil, honrando a las mujeres tratándolas como quisiéramos que otros hombres traten a nuestras esposas o hijas, o lidiando con los retos con valentía y un sentimiento de esperanza. El resultado trasciende nuestros propios esfuerzos puesto que el Espíritu Santo puede usar incluso nuestras acciones imperfectas y penetrar los corazones humanos."

¿Qué consejos prácticos tienes para los hombres católicos, desde los que recientemente se graduaron de la universidad hasta los que son abuelos a punto de jubilarse, respecto a cómo deben ver su trabajo y sus carreras?

"Yo los alentaría, en primer lugar, a ser hombres de oración. Conozco algunos hombres, que son buenos católicos en todo lo demás, que creen que hay algo malo en orar acerca de su trabajo. ¡Eso es una locura! Dios quiere estemos en una relación con Él y una parte de esa relación es orar acerca de nuestro día, cada día, incluyendo el trabajo. Me gusta empezar cada día con el Ofrecimiento de la Mañana, una oración sencilla ofreciendo todos los acontecimientos del día al Señor, pidiéndole que santifique nuestros esfuerzos. Él está con nosotros sin importarle como van las cosas.

"Aparte de eso, es importante reconocer que nuestro trabajo es un aspecto fundamental de nuestro crecimiento en santidad. En cierto sentido, el lugar de trabajo es el entorno ideal para crecer en virtud. Me acuerdo haber tenido un tirano como jefe al principio de mi carrera. No fue muy divertido en ese momento, pero en visión retrospectiva era un proceso de formación, puesto que aprendí a saber qué tipo de jefe *no* quería llegar a ser yo mismo. Me ayudó a aprender, a un nivel profundo, a tratar a las personas en el lugar de trabajo con dignidad. Así es que incluso las situaciones difíciles que enfrentamos pueden ser de gran ventaja desde un punto de vista espiritual.

"Por último, yo los animaría a usar la oportunidad que nos presenta nuestro trabajo para amar a los otros con el amor ágape que Cristo demostró tan bellamente para nosotros. El lugar de trabajo está lleno de personas heridas, y ese amor no solamente es nuestra única esperanza, es la de ellos también.

"¡Que el Señor bendiga su trabajo fiel!"

¿Cuán a menudo nos dejamos absorber por nuestras "ocupaciones" y nos convencemos que todo es para Dios o nuestras familias, cuando es posible que lo estemos haciendo para nosotros mismos y nuestra propia satisfacción? Trabajar duro y el disfrutar de ese trabajo no es el problema. El problema está en permitir que ese trabajo y una actividad atareada se interpongan entre nosotros y Cristo, la práctica auténtica de nuestra fe católica y el tiempo para nuestros seres queridos, ése es el tema, y he conocido a innumerables hombres que han admitido que ellos comparten este problema. Tomemos en cuenta las experiencias que he compartido en este capítulo y los consejos sabios ofrecidos por Kevin Lowry para que se reflejen en nuestras vidas. ¿Dónde nos hemos descarrilado? Recen en serio para pedir la paz, la sabiduría y el valor para poner el trabajo en su lugar correcto y acordarnos de realizar ese trabajo para la mayor gloria de Dios y no para la nuestra. Nunca duden en pedir la intercesión de San José, santo patrono de los trabajadores, padres y de la Iglesia católica.

San José, por favor ruega por mí y por todos los hombres católicos que enfrentan retos similares para que tengamos el valor de derrotar nuestro orgullo y debilidad para centrarnos en aquellas cosas que nos separan de Jesús, de nuestras familias y de nuestro destino final en el cielo.

PREGUNTAS PARA LA REFLEXIÓN

1. Cuando pienso sobre lo que el autor y Kevin Lowry han compartido, ¿he permitido que el trabajo tenga un impacto negativo sobre mi vida de oración, mi relación con Cristo y la cantidad de tiempo de calidad que paso con mi familia?

2. Uno de los temas que podemos deducir de este capítulo es que podemos trabajar para ser exitosos en el mundo o que podemos trabajar para alcanzar el cielo. ¿Los dos son mutuamente excluyentes? ¿Puedo ser exitoso y mantener a mi familia

mientras todavía pongo en primer lugar a Cristo y dejo tiempo libre para mi fe y familia?

3. Sopesa las palabras de Kevin Lowry: "Como hombres a menudo caemos en la trampa de auto identificar quienes somos con lo que hacemos para ganarnos la vida. Yo he sido culpable de esto también. Se necesita una perspectiva espiritual para liberarnos. Nuestro ego nos dice que todo gira alrededor nuestro, pero eso no es lo que nuestra fe nos dice." ¿Soy culpable de haber dejado que mi identidad sea totalmente absorbida por mi carrera?

4. ¿Estoy dispuesto a seguir las recetas del autor para encontrar la paz y el tiempo para orar buscando reducir el ruido en mi vida? ¿Qué me comprometeré a hacer empezando ahora mismo? ¿A quién le rendiré cuentas de esto?

CAPÍTULO CATORCE

Integrando La Fe y el Trabajo

*En la práctica de nuestra fe católica,
nos enfrentamos con una elección entre la vida dividida en
compartimentos o una vida integrada en la que la fe, familia,
y trabajo estén unificados y centrados en Cristo.*
— El autor —

En el último capítulo examinamos nuestra tendencia a permitir que el trabajo y las "ocupaciones" excluyan el tiempo de oración, tiempo en familia, la búsqueda del cielo, y también buscamos respuestas a este reto común. Ahora abordaremos el trabajo de otra manera: ¿Cómo integramos nuestra fe con nuestro trabajo? Si lo piensas, la mayoría de nosotros probablemente pasaremos la mayor parte de nuestra vida adulta (despierta) en el lugar de trabajo. Una jornada de trabajo típica de ocho horas consume un tercio del total del día, con los otros dos tercios dedicados a dormir, familia, amigos, fe y así sucesivamente. En la práctica de nuestra fe, ¿consideramos al lugar de trabajo como una oportunidad para hablar abiertamente acerca de nuestras creencias católicas o ignoramos la existencia de este período de tiempo importante y sólo pensamos acerca de ser católicos las otras dieciséis horas del día?

Sospecho que muchos de nosotros estaremos de acuerdo en que el lugar de trabajo hoy es percibido como un entorno muy difícil en el que podamos ser abiertos acerca de nuestras creencias cristianas. La necesidad de ser políticamente correcto y las políticas de empresa rígidas nos han llevado a dividir nuestra fe en compartimentos de un modo malsano y nada natural. A menudo escucho a los hombres decir, "Yo sencillamente dejo mi fe en la puerta de ingreso cuando voy a trabajar." ¿Pero cómo es posible que separemos nuestro ser espiritual de nuestro ser físico?

En *Gaudium et spes*, el Concilio Vaticano Segundo se pronunció al respecto con esta declaración: "El divorcio entre la fe y la vida diaria de muchos debe ser considerado como uno de los más graves errores de nuestra época . . . El cristiano que falta a sus obligaciones temporales, falta a sus deberes con el prójimo; falta, sobre todo, a sus obligaciones para con Dios y pone en peligro su eterna salvación. Siguiendo el ejemplo de Cristo, quien ejerció el artesanado, alégrense los cristianos de poder ejercer todas sus actividades temporales haciendo una síntesis vital del esfuerzo humano, familiar, profesional, científico o técnico, con los valores religiosos, bajo cuya altísima jerarquía todo coopera a la gloria de Dios" (no. 43).

¿Cómo podemos superar los obstáculos seculares a nuestra fe y plenamente aceptar a Cristo en cada aspecto de nuestro día, especialmente en el trabajo?

El concepto de ser católico en el trabajo es una idea desalentadora para muchos y la sola idea de actuar, pensar y dirigir a través del lente de nuestra fe es un concepto ajeno. En mi profesión conozco a centenares de hombres y mujeres de negocios quienes incorrectamente perciben "fe en el trabajo" como dirigir estudios bíblicos en la sala de descanso durante el almuerzo o evangelizar en voz alta a los compañeros de trabajo. Rara vez se nos ocurre pensar acerca de nuestros propios peregrinajes de fe, el ejemplo que damos para otros y la alegría inspirada en Cristo que deberíamos irradiar como las formas más efectivas de compartir nuestra fe. Permitir que otros vean a Jesucristo trabajando en nosotros es una manera poderosa de dar testimonio que atraerá a otros que quieren lo que nosotros tenemos en nuestras vidas.

Sopesen las palabras del papa San Juan Pablo II en su Exhortación Apostólica, *Christi fideles laici*: "La formación de los fieles laicos tiene como objetivo fundamental el descubrimiento cada vez más claro de la propia vocación y la disponibilidad siempre mayor para vivirla en el cumplimiento de la propia misión" (no. 58). "En efecto, los fieles laicos, 'son llamados por Dios para contribuir, desde dentro a modo de fermento, a la santificación del mundo mediante el ejercicio de sus propias tareas, guiados por el espíritu evangélico, y así manifiestan a Cristo ante los demás, principalmente con el testimonio de su vida y con el fulgor de su fe, esperanza y caridad'" (no. 15, cit *Lumen gentium*, no. 31).

La misión de los fieles laicos nos obliga a considerar el lugar de trabajo como terreno fértil en el que podemos realizar el trabajo del Señor. Como sabemos de numerosos pasajes de las Sagradas Escrituras y la clara enseñanza de la Iglesia, estamos llamados a vivir vidas santas y ser testigos para Cristo. Por ende, nuestras acciones en el lugar de trabajo necesariamente se convierten en un componente crítico de la respuesta a ese llamado.

Hay numerosos obstáculos en el camino que nos lleva a lograr la integración de nuestra fe con nuestro trabajo, pero en mi experiencia tres de ellos aparecen en forma consistente: *silos, tiempo, y rendirse.*

OBSTÁCULO 1: SILOS

¿Resuena contigo la declaración anterior? "Yo simplemente dejo mi fe en la puerta de ingreso cuando llego al trabajo" Habiendo vivido una existencia dividida en compartimentos la mayor parte de mi vida, he aprendido a reconocer estos "silos" en otros, y es algo muy común. Aún así, yo sugeriría que muy en el fondo muchos de nosotros deseamos una *vida más integrada,* una vida en la que Cristo esté en el centro de nuestros pensamientos diarios y acciones tanto en el trabajo como en casa. Creo que el promover esta integración nos ayudará a todos nosotros a convertirnos en mejores cristianos y a revertir los efectos negativos—morales, emocionales, y espirituales— de mantener separadas nuestra fe del resto de nuestras vidas.

Superar éstos obstáculos no será sencillo pero debemos seguir la guía que compartí antes de San Juan Pablo II en *Christifideles laici* y ver nuestras actividades, incluido nuestro trabajo, como oportunidades para unirnos a Él y servir a su Divina Voluntad. Todos tenemos múltiples roles en nuestras vidas: papás, esposos, hermanos, líderes, empleados, estudiantes, etc. Pero el rol más importante que tenemos es el de ser católicos fieles. El ser católicos fieles de pensamiento, palabra y obra en todo momento nos permitirá unificar nuestras vidas y elevarnos por encima de nuestras tendencias naturales de dividirlo todo en compartimentos y silos. Sé que esto es fácil de decir y difícil de hacer, pero aun así es necesario.

OBSTÁCULO 2: TIEMPO

¿Experimentas, como yo, dificultades cada día para tener suficiente tiempo? La mayoría de los días mi agenda de trabajo está repleta de reuniones y llamadas telefónicas. Fuera de la jornada de trabajo estoy enfocado en ayudar a mi esposa a alistar a los hijos para la escuela, la hora de la cena familiar, tiempo en las noches con los chicos, deportes juveniles, lecturas y oraciones a la hora de dormir de los niños, tiempo con mi esposa, ejercicio infrecuente, contestar correos electrónicos que no pude atender durante el día, y luego, ¡dormirme exhausto después de leer dos páginas del libro que ha estado en mi mesa de noche durante meses! ¿Suena vagamente familiar?

¿Dónde entra nuestra relación con Cristo dentro de nuestro atareado día? La clave aquí es reconocer que Cristo nunca debe competir por nuestro tiempo y que vivir nuestras vidas llenas de ocupaciones y ponerlo a Él en primer lugar no son mutuamente excluyentes. A Él no se le debe considerar como un *agregado* en nuestras vidas, Él es la *razón de ser* de nuestras vidas. Dejemos de ver la práctica diaria de nuestra fe como agregar más tiempo a una agenda que ya está repleta y más bien deberíamos centrarnos en integrar nuestras vidas con Cristo como el centro de todo lo que hacemos.

OBSTÁCULO 3: RENDIRSE

Si nos negamos a entregarnos, rindiendo el control de nuestras vidas con sinceridad a Cristo, nos enfrentamos a un enorme obstáculo para vivir nuestra fe en el lugar de trabajo o en cualquier otro lugar. Yo sé muy bien cómo era mi vida antes de rendirme a Cristo en el 2005. Le dije no a Él por más de dos décadas y el esfuerzo era agotador. Ahora yo digo sí y ese hecho ha significado una enorme diferencia en mi vida. Todo lo que tenía era familia y trabajo antes de mi conversión y pensaba que estaba a cargo de mi vida y mi futuro. Pensaba que yo era el esposo y padre fuerte que *mi* padre fue cuando yo estaba creciendo. Pensé que estaba a cargo.

Hermanos míos, aún lucho cada día con el orgullo y para asegurarme que Cristo es el primero en todos los aspectos de mi vida. Tengo los mismos retos que la mayoría de los hombres, pero el saber que Él me perdonará, me amará y me guiará hace que yo vuelva una y otra vez al lugar donde digo las palabras, "Señor, me rindo. Por favor guíame y yo te seguiré." La clave para superar los obstáculos de los silos y el tiempo es *rendirse*.

Tú podrás enfrentar diferentes retos para ser católico en el trabajo, pero estos obstáculos siempre fueron problemas para mí e incontables otros que conocí. La pregunta que debemos contestar por nuestra cuenta es sencilla. *¿Qué haremos de modo diferente para ser plenamente católicos en el lugar de trabajo y no dejar nuestra fe en la puerta de ingreso?*

SEIS IDEAS PRÁCTICAS PARA INTEGRAR NUESTRA FE CATÓLICA CON EL TRABAJO

Siempre me he sentido atraído hacia ideas alcanzables y en las que se puede actuar y me gustaría compartir estas seis acciones prácticas para vivir nuestra fe católica en el trabajo, mismas que yo estoy tratando de seguir.

DEDICAR UNA HORA DE CADA DÍA A LA ORACIÓN Y LECTURA

Aquellos de nosotros que tenemos dificultades por la escasez de tiempo estamos gritando silenciosamente ¡*de ningún modo*! Pero les digo que es absolutamente alcanzable. ¿Consideraríamos alguna vez *no* darles a nuestros seres queridos una hora al día? ¿Acaso Dios no merece por lo menos una hora de nuestro tiempo también? Aquí hay algunas maneras fáciles de lograr una hora de una combinación entre oración y lectura basada en la fe cada día.

- Intenta levantarte quince minutos más temprano cada mañana para leer las Sagradas Escrituras o algún otro gran libro católico o recurso que siga el magisterio de la Iglesia Católica.
- Rezar el Ofrecimiento de la Mañana antes de salir de casa cada mañana.
- Rezar el Ángelus durante el día.
- Rezar el Rosario o cinco misterios en el camino al trabajo o cuando haces ejercicio.
- Hacer el Examen Jesuita Diario mencionado tantas veces en este libro. El Examen exige que te detengas, reflexiones y ores cinco veces al día por unos cuantos minutos. Ponlo en tu agenda y hazlo parte de tu rutina.
- Decir una bendición antes de cada comida sin importar con quien estemos.
- Rezar con nuestras familias a la hora de acostarse.
- Rezar un Rosario en familia o cinco misterios de él.

- Leer unas cuantas páginas de las Sagradas Escrituras o un libro de espiritualidad católica antes de acostarse.

Hagamos buen uso de las agendas en nuestros teléfonos inteligentes o el tipo de agenda que mejor te funcione, pero la oración y la lectura solo ocurrirán si nos damos tiempo para ellas. Ten en cuenta este pensamiento del Dr. Peter Kreeft: "La primera regla para la oración, el más importante primer paso, no tiene que ver con cómo hacerla, sino sencillamente con hacerla; no con perfeccionarla y completarla sino con iniciarla. Una vez que el carro está en movimiento es fácil conducirlo en la dirección correcta, pero es mucho más difícil ponerlo en movimiento cuando está detenido. Y la oración está detenida en nuestro mundo" ("Time" de http://www.peterkreeft.com/topics/time.htm).

DEDICAR MÁS TIEMPO A LA EUCARISTÍA

¿Quieres experimentar más plenamente a Cristo y estar más cerca a Él durante la jornada de trabajo? Conoce cuáles parroquias están en tu camino al trabajo o cerca de tu oficina. Busca la Presencia Real de Cristo en la Eucaristía, en Misa diaria cuando sea posible, y pasa momentos tranquilos ante el Santísimo Sacramento en Adoración Eucarística cada semana. Nuevamente, Masstimes.org y otras aplicaciones para teléfonos inteligentes pueden ser muy útiles para encontrar las iglesias más cercanas para ir a Misa y visitas al Santísimo Sacramento. Nosotros los católicos tenemos un don maravilloso en la Eucaristía y debemos buscarlo a Él en cada oportunidad.

SER UNA LUZ PARA CRISTO

¿Qué significa ser una luz para Cristo? ¿Cómo se puede manifestar en nosotros? Francis Fernández comparte esta observación de *'In Conversation with God'* *[Hablar con Dios]*: "Jesús dijo a sus discípulos: *'Ustedes son la luz del mundo.'* La luz del discípulo es la luz del mismo Maestro. En la ausencia de esta luz de Cristo, la sociedad será envuelta en la oscuridad más impenetrable. Los cristianos están para iluminar el entorno en el que viven y trabajan. *Un seguidor de Cristo necesariamente da luz.* El mismo testimonio de una vida cristiana, y las buenas obras realizadas con un espíritu sobrenatural, resultan efectivos en conducir a hombres hacia la fe y a Dios. Preguntémonos hoy día sobre nuestro efecto sobre aquellos que viven lado a lado con nosotros, aquellos que tienen trato con nosotros por razones de índole profesional o social. ¿Ellos ven esta luz que ilumina el camino que lleva a Dios? Estas mismas personas, ¿se sienten movidas, por su trato con nosotros, a llevar una mejor vida?" (Vol. 5, 69–70).

QUE EL AMOR IMPULSE NUESTRAS ACCIONES

Ágape, la palabra griega para el amor desinteresado, es el elixir mágico que debería impulsar nuestras actividades cotidianas de trabajo. El actuar de un modo desinteresado y caritativo hacia otros y anteponiendo sus necesidades a las nuestras es como las personas realmente empezarán a ver a Jesús trabajando en nosotros. Es tan fácil centrarnos en nuestros propios deseos y necesidades, pero acepta el desafío de hacer que hoy sea un día para servir a otros. Aún los pequeños actos de bondad desinteresada tendrán un impacto dramático sobre las personas que nos rodean.

PRACTICAR UNA ADMINISTRACIÓN ACTIVA

¿Tú y tu empresa devuelven algo a la comunidad? 1 Pedro 4, 10 dice, *Que cada cual ponga al servicio de los demás la gracia que ha recibido, como buenos administradores de las diversas gracias de Dios.* Involúcrate, haz la diferencia y contribuye. Quizás si damos el ejemplo nuestra empresa nos seguirá. Estén a la pesca de oportunidades para conectarse con el "Lázaro" en nuestras vidas hoy (de la parábola del hombre rico y Lázaro en San Lucas 16, 19-31). Lázaro podría ser un compañero de trabajo deprimido o con problemas, un cliente que está lidiando con una tragedia personal, o los que pasan hambre o están sin techo fuera de las paredes de nuestro edificio de oficinas. Considere 1 San Juan 3, 17: *Si alguno que posee bienes del mundo, ve a su hermano que está necesitado y le cierra sus entrañas, ¿cómo puede permanecer en él el amor de Dios?* Hombres, por favor acuérdense que la administración de nuestros bienes es algo más que escribir un cheque o hacer una donación en línea.

EMPEZAR CON EL FIN EN MENTE

No se me ocurre una mejor motivación para practicar nuestra fe católica en el lugar de trabajo que esta imagen mental. Imagínate a Jesús saludándote en el cielo con las palabras, *Bien hecho, siervo bueno y fiel* (San Mateo 25, 23). El camino al cielo necesariamente pasa a través del lugar de trabajo. Tenemos toda una vida, incluyendo el tiempo en el trabajo, para amar y servir al Señor. ¿Lo utilizaremos sabiamente? ¿Qué nos dirá Jesús al final de nuestras vidas?

Mi intención al compartir estas acciones es mostrar cómo en forma sencilla podemos cambiar nuestras vidas de una manera que integra fe y trabajo, y nos pone en el camino hacia una vida con sentido centrada en Cristo. Trato de hacer cada día las acciones que he compartido con ustedes y les aseguro que lucho igual que cualquier otro. Nuestro reto es el de practicarlas no como un montón de nuevas "cosas por hacer," sino como parte de un enfoque unificador más amplio hacia una vida equilibrada y con sentido que coloque a Cristo *primero* en todos los aspectos de nuestras vidas.

En la práctica de nuestra fe católica, nos enfrentamos a una elección entre una vida dividida en compartimentos o una vida integrada en la que la fe, familia y trabajo estén unidos y centrados en Cristo. Se nos pide que "cambiemos nuestros corazones," que soltemos nuestras ataduras a las cosas materiales y que lo coloquemos a Él en primer lugar en nuestras vidas. Se nos pide que permitamos que otros vean a Jesús dentro de nosotros y que compartamos nuestra alegría con otros. Nuestro humilde y virtuoso ejemplo para otros a lo largo del día tendrá un influjo positivo sobre su comportamiento y peregrinajes de fe individuales. Una activa vida de oración, una que convierte nuestro día en una conversación con Dios y firmemente antepone sus deseos antes que los nuestros, nos preparará para recibir gracias ilimitadas. Tenemos una oportunidad, especialmente en el lugar de trabajo, para ser faros de luz y buenos ejemplos del amor redentor de Cristo.

No podemos ser dos tercios católicos. No funciona y es contrario a nuestro llamado. Animo a cada uno de nosotros a reflexionar sobre las lecciones de este capítulo en forma inmediata. El mundo lo necesita desesperadamente. Con la ayuda y guía del Espíritu Santo podemos hacerlo. El momento de hacerlo es ahora mismo.

PREGUNTAS PARA LA REFLEXIÓN

1. ¿Este capítulo me abrió los ojos respecto al modo de vivir mi fe católica en el trabajo?

2. El autor identificó silos, tiempo y rendirse como tres obstáculos a la integración de la fe y el trabajo. ¿Estos obstáculos tienen resonancia conmigo? ¿Tengo otros? Si así es, ¿cuáles son?

3. El autor escribió, "Permitir que otros vean a Jesucristo trabajando en nosotros es una forma poderosa de testimonio que atraerá a otros que quieren lo que tenemos en nuestras vidas." ¿Esto me ayuda a entender que la fe en el trabajo no es necesariamente un estudio bíblico o una ruidosa evangelización de mis compañeros de trabajo, sino cómo vivo mi fe y expreso mi alegría?

4. El autor nos recuerda que "el camino al cielo necesariamente pasa por el lugar de trabajo." ¿Puedo darme el lujo de ignorar mi lugar de trabajo como otra oportunidad para vivir mi fe? ¿Qué me lo está impidiendo?

CAPÍTULO QUINCE

¿Qué es lo Verdaderamente Importante?

Invertimos tanto tiempo tratando de lidiar o estar un paso delante de las cargas de la vida que hemos creado, que no tenemos tiempo para Jesús.
— El autor —

En varias oportunidades hemos tratado en este libro la importancia de tener nuestras prioridades en el lugar correcto. Te preguntarás por qué he dedicado un capítulo íntegro a "lo que es verdaderamente importante" en la vida. La respuesta es que la abrumadora mayoría de los hombres católicos que he conocido mencionan que éste es un problema casi insuperable en sus vidas. Entienden la necesidad de tener prioridades y saben que tienen que actuar, pero no están seguros hacia donde ir o qué hacer.

Sabemos cuáles son las cosas fundamentales: Cristo es primero, la familia está en segundo lugar y el trabajo es tercero. No solamente debería estar Cristo en el primer lugar de nuestras vidas, sino que Él exige *todo* de nosotros—100 por ciento, todo el tiempo. A cambio Él nos da todo lo que necesitamos, *no necesariamente lo que queremos*. Esto significa que Cristo tiene prioridad sobre la familia y ciertamente nuestro trabajo, pero con frecuencia confundimos estas prioridades. Muchachos, esta idea de entregarnos que exploramos a profundidad en el Capítulo Dos es a veces difícil para nosotros. Nos gusta el control y lo previsible. Muchos hombres alegarían que existe una complejidad y profundidad en esta idea de las prioridades que a menudo es impulsada por diferentes emergencias o desbalances en sus vidas. El padre que pierde su trabajo o el esposo cuya esposa tiene cáncer podrá sentirse empujado a enfocarse en aquellos sectores que están en detrimento a su relación con Cristo. Pero aún así, Cristo viene primero—antes que nuestras familias, nuestro trabajo, nuestras crisis, antes que todo. Si eso lo entendemos correctamente y lo seguimos a Él, tendremos Su amor, Su fortaleza y todo lo que necesitemos para enfrentarnos a los problemas con los que nos encontremos si esa es Su voluntad.

Sospecho que parte de la manera para captar estas prioridades consiste en centrarnos en llevar vidas más sencillas. A menudo nos complicamos la vida en nuestra ilógica búsqueda de juguetes y de un estilo de vida pomposo que no importa. Invertimos tanto tiempo tratando de lidiar o estar un paso delante de las cargas de la vida que hemos creado que no tenemos tiempo para Jesús. No lo estamos siguiendo de verdad cuando estamos enfocados en asuntos mundanos. Ningún criado puede servir a servir a Dios y al dinero. (San Lucas 16, 13).

Para realmente encarar esta idea de lo que es importante, busqué a dos esposos y padres católicos que trabajan duro y a quienes respeto, y que además están sumamente familiarizados con las presiones del mundo y el fijarse las prioridades correctas: Rob Kaiser y Rick Swygman. Presten detenida atención a la esencia de lo que estos dos hombres nos ofrecen.

Rob Kaiser es un católico de toda la vida que se casó con Lynn veintidós años atrás. Tienen cuatro hijos entre diecisiete a cuatro años de edad: Maggie, Mike, Grace, and Clare. Rob es uno de los socios de una empresa de investigación en mercadotecnia., Summit Research, en la que él usa las destrezas metodológicas que aprendió en su doctorado en psicología y durante años en la mercadotecnia ayudando a los clientes a entender mejor a su clientela para desarrollar estrategias apropiadas. El fundó en 2007 a catholicdadsonline. org [padrescatolicosenlinea.org] para ser una presencia visible y desahogo para papás católicos. Es miembro del consejo de 'Catholics at Work OC' [Católicos Trabajando OC] y del 'La Habra Life Center' [Centro para la Vida La Habra], y es un miembro activo en su parroquia.

Rob, durante mucho tiempo he apreciado la gran labor que realizas alentando a los hombres católicos a través de tu excelente sitio web catholicdadsonline.org. Cuando reflexionas sobre tu propia vida y la vida de los hombres católicos que conoces, ¿en qué deberíamos centrarnos respecto a fijar prioridades?

"A un nivel ésta es una pegunta fácil de contestar. Debemos ser hombres con carácter, o en un lenguaje más 'católico,' hombres virtuosos. ¿Pero qué significa ser un hombre virtuoso? Tenemos las virtudes cardinales (prudencia, justicia, fortaleza y templanza) y las virtudes teologales (fe, esperanza y amor). Pero eso es demasiado, ¿por dónde empezamos? ¿Cuál es nuestro gancho?

"Un día oí un programa grabado del Arzobispo Fulton Sheen sobre los diferentes roles de padres y madres. Él alegaba que, entre otras diferencias, los padres tenían la tendencia a reflejar la justicia divina y las madres la misericordia divina. Por supuesto que tanto los hombres como las mujeres están llamados a reflejar ambos (y otros aspectos de Dios también), pero es verdad que los hombres están llamados de un modo que no es el mismo que el de las mujeres, y que la idea de ser 'justo' es importante en esto. El Catecismo define la justicia como 'la firme y constante voluntad de dar lo suyo a Dios y al prójimo' (1807). Yo creo que ése es el punto de partido como hombre, casado o no, padre o no. Estamos llamados a ser 'hombres justos' y a demostrar justicia a través de nuestras vidas.

"Lo primero y lo más importante es que estamos llamados a darle a Dios lo que se le debe por Su misma naturaleza. Es justo darle a Dios todo nuestro corazón, mente y fuerza, amarlo y servirlo a Él antes que nada. Esto debe ser nuestra máxima prioridad. Esta es la razón para la cual nos creó—que podamos estar con Él. Él nos dio todo lo que somos y tenemos, incluyendo Su propia vida, y nos llama a devolverle todo a Él. Esto no quiere decir que debamos vivir una vida monacal, aunque algunos hombres son llamados a esa vida. Sí significa dos cosas: (1) que coloquemos nuestra relación con Dios por encima de todo el resto y que todo el resto sea con Él y para Él. Debemos ser hombres de oración. Que nuestra relación con Dios sea la cosa más importante de nuestra vida. Él es la fuente y cumbre de todo; y (2) que Dios debe ser parte de todo el resto de lo que hacemos. Ya sea que se trate de nuestro matrimonio, nuestras familias, nuestro trabajo, nuestras amistades o actividades de ocio, lo que sea, Dios necesita ser parte de aquello.

"Después de darle a Dios lo que se le debe, debemos darle a los otros lo que se les debe a ellos. Empezamos a calcular que es lo que 'debemos' a los otros preguntándonos primero *quiénes* son los otros. Sin importar quiénes sean, puedo decir dos cosas verdaderas acerca de ellos que tienen repercusiones profundas. Primero, que son personas hechas a la imagen y semejanza de Dios mismo. Segundo, que son hijos de Dios, quien los hizo. Todos ellos son nuestros hermanos y hermanas en la familia de la humanidad, y muchos de ellos están en una relación especial con nosotros como hermanos y hermanas en Cristo. Nuestras esposas, hijos, padres y amigos e incluso los extraños son reflejos de Dios y están relacionados con nosotros. Estamos llamados a tratarlos de un modo que sea compatible con ese estado. Cuando lo pienso, me parece que es más claro que el agua tanto cuan maravilloso esto es y cuan a menudo fracaso en esto (definitivamente soy una obra en proceso).

"Dense cuenta que, empezando con la justicia en relación a Dios y el prójimo, terminamos hablando acerca de algo que se parece bastante al amor cristiano. No podemos separar las ideas de justicia y amor. El amor es lo que se debe. La respuesta correcta al amor de Dios es el amor en sí. Con demasiada frecuencia el lenguaje del amor resulta difícil para nosotros los hombres hoy. Al menos lo puede ser para mí. Una de las cosas que hace que sea difícil ser un 'hombre cristiano' hoy en día es que demasiadas fuerzas, algunas de ellas bien intencionadas (otras más nefastas) distorsionan el concepto de hombre cristiano en algo que no necesariamente es. Algunas utilizan el lenguaje del amor para castrar el concepto de masculinidad. Esto es lamentable porque no es verdad. Podemos ser, en realidad deberíamos ser, hombres cristianos fuertes, valientes, con nuestra propia personalidad masculina, que amen como aman los hombres, que protejan y defiendan y crean. El amor al que estamos llamados no es uno que rechace nuestra masculinidad, sino una parte integral de ella.

"En la otra cara de la moneda, otras fuerzas quieren decirnos que ser hombre significa no ser cristiano. Sexo, poder y negocios son solamente algunas de las áreas que están siendo propuestas como esenciales para ser hombre y opuestas a ser cristiano. Esto es una verdad a medias. Estas áreas son esenciales para las vidas de la mayoría de los hombres, pero esto no significa que sea antitético a ser cristiano. La pornografía, el abuso del cargo y la codicia son lo opuesto de ser cristiano. El ser un verdadero hombre, en una relación justa con Dios y con los otros, conlleva una sexualidad apropiada a su vocación, ser un líder y un protector los demás y tratar justamente a los otros en los negocios. Mientras que la cultura popular retrata al hombre verdadero como algo incompatible con el cristianismo (algo semejante a ser un adolescente mayor), la verdad es que sólo podemos ser hombres verdaderos cuando estamos en una relación correcta con Dios y los hombres. Eso es lo que significa ser un hombre cristiano. Un verdadero hombre cristiano casado ama y está consagrado a su esposa. El guía y provee para su familia, colocándola como una prioridad en su vida. Trata a sus hijos como a otros hijos de Dios. Un verdadero hombre da su vida cada día por aquellas personas que Dios ha puesto en su vida. Muchas veces eso puede ser a manera de oración, mediante las relaciones, el trabajo y esparcimiento, pero a través de todo ello estamos vinculados a Dios y uno con el otro y siempre debemos volver a eso."

¿Qué es lo que se interpone y no nos deja proseguir estas prioridades?

"Demasiadas cosas se interponen, pero creo que hay dos que sobresalen. Primero está nuestra cultura. Vivimos en una que nos dice que el orgullo y el egoísmo son buenos. Nuestra cultura consumista está orientada a satisfacernos. Nuestra cultura empresarial está centrada más de la cuenta en salir adelante cueste lo que cueste. A mayor profundidad está el degradado rol de ser un verdadero hombre en nuestra sociedad. Nos animan a ser ese adolescente libre de las restricciones de sus padres para poder hacer lo que quiera. El rol de padre es el blanco de bromas con demasiada frecuencia. Vivimos en un mundo en el que la pornografía es una industria billonaria y en el que los hombres son adictos a este mal. Se nos dice que sólo es un negocio y que dejemos nuestra ética en la puerta de ingreso. Se supone que hagamos lo que sea necesario para salir adelante, y luego hacer lo que sea para obtener lo que queremos. Nuestra cultura nos prepara para ser esclavos de la codicia y de nuestros más bajos placeres. Como todo esto apela a nuestro orgullo y egoísmo, con demasiada frecuencia colocamos voluntariamente el cuello en posición para que nos coloquen el grillete de hierro que esta esclavitud demanda, y pensamos que estamos muy bien, excepto por la falta de sentido de esta clase de existencia.

"El otro problema somos *nosotros*. Dejemos de lado nuestra tendencia al orgullo y egoísmo por ahora. Yo creo que existe un problema mayor. Como grupo, los hombres están orientados a la acción. Nosotros hacemos las cosas. Resolvemos problemas, logramos metas, ¡estamos encima de las cosas! Esto en su lugar apropiado no es malo en sí mismo. Es parte de cómo Dios nos creó. Él mismo está orientado a la acción; ¡tan sólo vean lo que creó! El problema es que nuestras acciones tienden a estar cimentadas en una mentalidad de yo-hago-todo-solito-estoy-a-cargo. No queremos dejar de lado nuestro control. Usamos las destrezas que tenemos para evaluar, decidir y actuar del modo más auto suficiente posible. Este es el tema: un hombre cristiano necesita empezar siendo receptivo antes de actuar. Creo que es ésta la razón por la cual la espiritualidad es más fácil para las mujeres. De manera natural son más receptivas. Escuchan y sopesan y toman en cuenta más fácilmente que los hombres. El cristianismo nos exige que empecemos con la receptividad. Como María en la Anunciación, debemos estar abiertos a Dios y a Su voluntad. Primero debemos soltar el control, y entonces podemos salir y actuar y lograr cosas. Ser cristianos nos exige que primero nos detengamos para que sigamos a Dios en vez de que Él nos siga. Creo que demasiados entre nosotros no estamos dispuestos a crear el tiempo y espacio donde podemos ser receptivos a Dios en la oración o en la lectura de las Sagradas Escrituras. Estamos tan ocupados haciendo cosas que dejamos de escuchar y discernir."

¿Qué piensas tú, con base en la enseñanza de la Iglesia y en tu propia experiencia, sobre cómo podemos seguir el curso trazado y no confundirnos respecto a lo que es verdaderamente importante?

"En primer lugar, tenemos que tener una activa vida de oración. No importa cuán bien o cuán mal estén las cosas, tienes que poner a Dios en el primer lugar. Me gusta empezar y terminar el día con una oración. Éstas, creo yo, son prerrequisitos. Incluso tengo el Ofrecimiento de Obras de la Mañana enmarcado y colgado en mi cuarto de baño. De esta manera se me recuerda ofrecer mi día a Dios antes de cepillarme los dientes. El resto del día trato de acordarme que lo estoy ofreciendo a Jesús y procuro que sea una ofrenda digna. Al final del día, reviso el día en oración y reflexión, dando gracias a Dios por lo que he recibido y pidiendo perdón por cualquier falencia. También es importante cada día pedir la guía de Dios. Cada día necesitamos entregar el control a Dios. Me ayuda tener una rutina de oración matinal. Me gusta usar las oraciones de la mañana y del anochecer de la Liturgia de las Horas en mi Kindle por medio de la aplicación *iBreviary*. Las oraciones de la mañana y de la noche en la revista *Magnificat* también son muy buenas (las reflexiones diarias sobre el Evangelio en el *Magnificat* son excepcionales). Si la Misa diaria es una opción, aprovéchala. No es fácil darse el tiempo, pero no hay lugar donde encuentre más paz que en la misa diaria celebrada reverentemente. Reza el Rosario o varios misterios de él. Hazlo mientras estés conduciendo tu auto o mientras haces ejercicio si no tienes tiempo. Si tienes una familia, reza un Rosario familiar por lo menos una vez por semana. Finalmente, no importa cuán poco tiempo crees que tienes, siempre hay tiempo para rezar durante quince o treinta segundos cada vez que entras a tu automóvil antes de encender la radio.

"En segundo lugar, sabemos que no podemos hacerlo solos. Esta es una manera muy católica de entender la fe y la salvación. No es solamente Cristo y yo. Estamos en una relación con Dios y entre nosotros. Al leer las Sagradas Escrituras, vemos que Dios no es sólo el Dios de Abraham, Isaac y Jacob (personas), sino el Dios de Israel. Él salva a su pueblo. Por supuesto cada uno de nosotros podemos optar por rechazar a Dios, pero si decimos sí a Su salvación eso significa que ahora formamos parte de algo que es más de lo que somos nosotros. Así es que si tú estás tratando de manejar tu espiritualidad por tu cuenta, debes detenerte. Esto no significa que todos seamos lo mismo. Yo he sido parte de algunos grupos que me sacaron de quicio porque algunas cosas no funcionaban para mí. Eso está bien. No todos somos iguales. Pero tenemos que encontrar un modo para vincularnos y ser parte de nuestra comunidad cristiana. Soy miembro de un grupo de hombres de negocio católicos, soy un Caballero de Colón y estoy involucrado con mi parroquia. Algunos queridos amigos míos asisten a su grupo de Cursillo cada semana. Otros están metidos en sus grupos de oración. Esos grupos no funcionan para mí, pero funcionan muy bien para ellos. Encuentra dónde te sientes cómodo.

"Finalmente, es importante vivir deliberadamente (intencionalmente). Me he formado en psicología, pero al final del mis estudios llegué a darme cuenta de algo importante. La psicología es una disciplina que asume que el comportamiento es determinista de antemano aún dentro del campo de la psicología 'normal' (por ejemplo, podemos pensar que estamos en control, pero nuestro comportamiento en realidad está determinado por innumerables fuerzas y el libre albedrío es una ilusión). Yo asumo la posición contraria. Creo firmemente que el libre albedrío es real, y una de las razones por las que la psicología jamás podrá predecir totalmente el comportamiento humano es que las personas pueden escoger. Sin embargo, la razón por la cual la psicología puede predecir el comportamiento es porque las personas están permitiendo ser arrastradas por la ola de situaciones o impulsos que los rodean. Nuestra falla es que no optamos por ser diferentes. Como hombres católicos debemos estar en contacto con

Dios y con lo que Él quiere, y luego debemos escoger deliberadamente ser diferentes. Cada día debemos escoger el camino."

De todas las grandes ideas y pensamientos que nos has compartido, ¿qué es lo que quisieras que cualquier hombre católico que esté leyendo este libro considerara hacer de inmediato para mantener correctamente sus prioridades?

"Yo quisiera que cualquier persona que esté leyendo este libro lo deje de inmediato y haga una oración. En esa oración comprométete a vivir como un hombre virtuoso que empieza con la justicia que lleva a una comprensión varonil del amor cristiano. Comprométete a una reflexión diaria respecto a lo que Dios te está pidiendo y entonces ríndete a Su voluntad cada día. Pídele a Nuestra Madre que te ayude a ser el hombre que debes ser. Eso significará cosas distintas para distintos hombres. Para algunos podrá significar dejar de lado hábitos pecaminosos. Para otros significará el cambiar cómo y dónde pasan su tiempo. Para otros, significará ver a su esposa y familia con una nueva luz."

Las ideas y la profundidad de las respuestas de Rob arrojan una luz que ayuda a entender esta idea de las prioridades. Mientras sopesas sus palabras, acuérdate que él es el fundador de catholicdadsonline.org y que interactúa con miles de hombres católicos en todo el mundo cada año. Sus ideas no son teorías, sino que han sido extraídas de la enseñanza de la Iglesia, su propia educación y experiencia, así como la información proveniente de este tremendo recurso del Internet.

Mi próxima entrevista es con Rick Swygman. Rick, un converso a la Iglesia en el 2001, ha estado casado durante veinticuatro años y tiene cuatro maravillosos hijos. Tiene casi veinticinco años de experiencia en la venta de servicios financieros, gestión de ventas y liderazgo organizacional, habiendo prestado sus servicios como líder de alto rango en Greene Consulting, Bank of America y los bancos SunTrust y Barnett. También es el Director Ejecutivo de la Academia Pinecrest, un colegio privado católico independiente en la zona de Atlanta. Rick es un apasionado de la renovación de la auténtica excelencia de los colegios católicos y de la formación moral de nuestra juventud.

He disfrutado de grandes pláticas con Rick estos últimos años acerca de nuestra fe católica, buscar lo que es importante y el amor que profesamos hacia nuestras familias. Rick es uno de los hombres más francos y humildes que conozco y estoy agradecido por su contribución a este libro.

Rick, como padre y esposo católico, ¿cuáles son tus prioridades?

"Primero permíteme prologar esta respuesta reconociendo que aunque mi intención aquí pareciera ser magnánima, la ejecución es limitada debido a mis propios pobres esfuerzos. Cualquier 'éxito,' incluso sólo tener la consciencia de que lo siguiente *deberían* ser mis prioridades, es debido a Dios. Tal como lo entiendo, tiene más que ver con mi lucha por conseguir la santidad y buscar crecer en santidad, lo cual es importante, aún más que los resultados o mis 'éxitos.' Tal como los Evangelios y los santos dejan en claro, y de la maravillosa comprensión de nuestra fe que he aprendido desde mi conversión, si estoy dispuesto a ser guiado, puedo confiar en que puedo apoyarme en Cristo y que Él me llevará de la mano.

"Las prioridades enumeradas más adelante no las veía antes de mi conversión en el año 2001, aunque creo que era un tipo bastante bueno, buen esposo y un padre decente—por lo menos de acuerdo a los parámetros del mundo. Pero gracias a todos los tesoros ofrecidos por nuestra fe y a la buena suerte de que me hayan presentado varias de nuestras maravillosas encíclicas papales y documentos del Magisterio —*Gaudio et spes, Laborem exercens, Humanae vitae, Fides et ratio,* y *Veritatis splendor*—pude ajustar mis prioridades muy al principio de mi matrimonio, mientras nuestros hijos eran de corta edad (¡*Laborem exercens* completamente transformó mi forma de ver el trabajo, cómo trabajaba y cómo lideraba!) Estas encíclicas, una vida de oración comprometida, los sacramentos, la frecuente dirección espiritual, los retiros católicos y las oraciones de mi esposa me ayudaron a entender mejor lo que Dios y nuestra fe estaban pidiendo de mí.

"Así es que con eso dicho, finalmente aquí está la respuesta a tus preguntas. Oro por que me mantenga fiel a estas prioridades y compromisos y que las realice de acuerdo a la voluntad de Dios.

"*Mi prioridad número uno* es la de conducir a mi familia al cielo (buscando la santidad y con la ayuda de la gracia de Dios) y de paso a cuantos otros sea posible. Como soporte a este enfoque general están las siguientes prioridades:

1. Amar y servir a mi esposa, esforzándome en modelar un matrimonio centrado en Cristo para nuestros hijos y otros.

2. Ser un gran padre para nuestros hijos, trabajando en sociedad con mi esposa para formarlos para reconocer y cumplir el llamado de Dios para sus vidas.

3. Servir en el lugar de trabajo del modo más completo para avanzar el 'bien común,' obtener dignidad para todos, modelar y reflejar a Cristo, traer a otros a Cristo y Su verdad y al hacerlo ayudar a los individuos que conozco para cumplir su potencial humano y reconocer qué es lo que Dios pide de ellos.

4. Servir a otros. Mientras esta actividad estuvo impulsada en gran medida a través de mi trabajo en la Academia Pinecrest, actualmente se realiza mayormente a través del enfoque sobre los jóvenes, principalmente mediante el entrenamiento de básquetbol. Aspiro a utilizar esto como una plataforma para no solamente servir a los muchachos, sino también a las familias que los rodean (en la mayoría de los equipos que entreno por lo menos un 50 por ciento de sus familias están divorciadas o de algún modo quebradas).

"Aunque éstas son mi prioridades, ¡poder vivirlas es otra cosa! Para poder hacerlo mejor, mi compromiso diario es esforzarme con la gracia de Dios para crecer en santidad, sabiendo que no puedo hacer nada de eso sin Él. Así es que, para mejor lograrlo, me comprometo plenamente a lo siguiente:

- Ofrecimiento de la Mañana o saludo (lo primero cuando salgo de la cama y me pongo de rodillas).
- El Rosario camino a la Adoración.
- Treinta minutos de Adoración en la zona norte de la ciudad antes de ir al trabajo.
- Meditación sobre el Evangelio de treinta minutos antes de la Misa (cuando haya llegado a la zona sur de la ciudad).
- Misa Diaria.
- Plegaria a San José al principio del día.
- Pequeñas oraciones durante el día—incluso tratando de hacer que mi día sea un modo de oración en sí mismo.
- Examen de la noche antes de acostarme.
- Dos veces por semana, Hora Santa.
- Confesión cada dos o tres semanas.
- Retiro anual de dos o tres días en silencio.
- Buscando, a través de todo, tener una 'relación' personal con Cristo (¡mi mayor reto es simplemente sentarme y hablarle y escucharle a Él!)"

Esta lista y la manera en la que eliges vivir tu vida, ¿exigen de ti decisiones difíciles? Por favor explícalo.

"Antes de mi conversión y de tener una comprensión mayor de Cristo y de nuestra fe, hubiera dicho que sí, esto definitivamente exige opciones difíciles y quita demasiado tiempo del día. Pero cuando empecé a comprometerme a estas cosas poco después de mi conversión, descubrí que mis días eran en realidad más productivos y definitivamente más satisfactorios. Así que hoy no lo llamaría difícil, sino más bien un satisfactorio ejercicio de sacrificio y *desprendimiento*. Tengo fe en que Cristo *premiará* nuestra fidelidad, lo que lo cambia de algo 'difícil' a algo muy valioso. Dios me ha ayudado a ver el valor y el sentido en dicho sacrificio, y a ver como el auto sacrificio por Él, por mi esposa, por mis hijos y por los demás está en la médula del verdadero amor.

"Yo sé que la lista de compromisos arriba expuesta podría parecer un poco excesivo para algunas personas, pero sin ellas yo estaría perdido. Este 'modo de vida' me da una gran sensación de paz al saber que si me mantengo fiel a estas prioridades, puedo dejar los resultados a Dios.

"Siendo mi mayor debilidad el egoísmo, aprender y adherirme a la fe católica por medio de la oración, los sacramentos, la confesión y la dirección espiritual me ha ayudado a reconocer mejor esta debilidad e intentar extirparla de raíz. Dios claramente me ha mostrado los dones que vienen del desprendimiento, desinterés y sacrificio, y cómo eso me ayuda con mis prioridades. A pesar de que lo pierdo de vista a menudo, gracias a la práctica de nuestra fe puedo reconocerlo y responder.

"También he descubierto que estos sacrificios, compromisos y prioridades, conjuntamente con la gracia de Dios, se han convertido en una inspiración en muchas formas para otros con quienes me encuentro a través del trabajo y la vida cotidiana. Tan sólo vivir estos sacrificios y compromisos, así como seguir la voluntad de Dios lo más posible, pareciera que muchas veces hace que otros se detengan, reflexionen y a veces hasta cambien."

¿Cuál sería el impacto en tu familia y en tu propia fe católica si eligieras colocar tu trabajo, el adquirir cosas que no necesitas y las expectativas del mundo antes que a Cristo y tu familia?

"Claramente el impacto no sería bueno, dejándome a merced de mis propias habilidades y no de la gracia de Dios. Creo que esto está en el fondo de muchos de los problemas con los que nos encontramos en la cultura de hoy. Mi familia fácilmente reconocería y estaría obligada a adaptarse al hecho de que el trabajo es la prioridad, y que ellos están en segundo lugar. Cuántas veces he visto (especialmente cuando trabajaba en la Academia Pinecrest) el impacto sobre las esposas y los hijos de un padre que piensa que el trabajo y el éxito material son su máxima prioridad. Ellos anhelan muchísimo más de su esposo o padre, y claramente sufren cuando él no colma sus expectativas. El materialismo y el relativismo se hacen cargo, así como unas ansias de recibir atención, buscando llenar los vacíos que existen de un padre que no tiene a la familia y su fe como la prioridad. A pesar de que todavía soy propenso a adquirir cosas que no necesito (y estoy trabajando sobre esto, especialmente después de leer un gran libro del Padre Thomas Dubay, *'Happy Are You Poor' [Felices los pobres]*), mi familia es tanto más feliz debido a un enfoque más fuerte en lo que es verdaderamente significativo y duradero, y no en las cosas materiales y éxito mundano. ¡Tengo que agradecer a una maravillosa esposa por esto! Ella es totalmente indiferente al materialismo, al éxito mundano y a cómo nos juzgarán los otros. Así es que mientras ella quería esto para nuestra familia, tuvo que esperar para que yo llegara a quererlo también para convertirlo en realidad y traerlo a nuestros hijos.

"Hay una breve anécdota personal que quiero compartir acá que está relacionada con esta cuestión. Alrededor de nueve años atrás, justo después de mi conversión a la fe católica, gracias a un momento de poderosa oración que nunca olvidaré, llegué a la conclusión de que necesitaba renunciar a mi posición como líder ejecutivo en Bank of América. Después de meses de Adoración y oración diaria preguntándole a Dios que es lo que quería de mí, finalmente anuncié mi 'jubilación' de Bank of América, informando a mi equipo que debido a mi fe y a mi familia me estaba yendo por algo que mejor se alineara con mis prioridades como esposo y padre. (Teníamos dos hijos en la escuela primaria en ese momento y acabábamos de adoptar nuestros dos hijos menores.) Aunque yo todavía no había decidido lo que iba a hacer, este proceso en última instancia me llevo a Atlanta para llegar a ser el director ejecutivo de la Academia

Pinecrest, lo que alineaba perfectamente con mi misión y la de nuestra familia.

"Pronto me impresionó ver la respuesta a mi anuncio. La noticia se esparció a través de toda la empresa e incluso en el sector bancario. No les puedo decir cuántas llamadas recibí de hombres (padres y esposos) que querían entender qué era lo que estaba haciendo y por qué lo estaba haciendo. En unas cuantas ocasiones los hombres que me llamaron se emocionaron e irrumpieron en lágrimas expresando su pesar por haber perdido la oportunidad de hacer lo mismo por sus familias antes de que sus hijos hubieran crecido y dejado el hogar. Y por lo menos un alto ejecutivo que supo de esto decidió hacer un cambio de vida similar, tomándolo como un signo o la inspiración que necesitaba para ajustar sus prioridades para el bien de su familia.

"Yo nunca esperé esa reacción y posteriormente me di cuenta de lo que Dios puede hacer a través de la indiferencia al éxito 'del mundo,' un enfoque en Él y vivir las prioridades a las que Él nos llama."

¿Los hombres con los que te encuentras cada día tienen sus prioridades en orden? Si no, ¿por qué?

"Lamentablemente, la mayoría de ellos no. Como dije anteriormente, creo que éste es el mayor contribuyente a los males sociales que enfrentamos hoy en día. Muchos de los hombres que conozco a través del trabajo (viajando por el país en mi trabajo y en la vida diaria fuera del trabajo) no tienen las prioridades correctas. Esto lo digo sin ánimo de juzgar pero sinceramente, reconociendo que, debido a nuestra naturaleza pecaminosa aún aquellos de nosotros que estamos 'comprometidos con nuestra fe' siempre estamos a un paso de perder de vista las prioridades correctas y caer presa de las consecuencias de una fe tibia, el apego a las cosas del mundo y el pecado.

"La mayoría de los hombres que conozco están tan absorbidos por el punto de vista del mundo sobre el éxito, es decir, un buen trabajo, una esposa (o esposas) 'trofeo,' un estilo de vida lujoso e hijos súper exitosos y populares de los que pueden jactarse — todos ellos impulsados por el orgullo, el egoísmo, y la pereza, ¡igual que yo! Pero la mayoría de ellos o está sin Cristo para contrarrestarlo, o son tibios en su fe, lo que los deja propensos a vidas superficiales repletas de materialismo, relativismo y gran dolor dentro de la familia que, en última instancia, llevan al divorcio, niños dañados, falta de modestia, promiscuidad y así sucesivamente.

"Así que la respuesta corta es que los hombres que yo conozco no tienen las prioridades correctas en orden, y la razón para ello es debido al poderoso influjo del mundo, la riqueza, la fama y la falta de fe y de Cristo como la prioridad en sus vidas. Ver esto tan consistentemente me ha ayudado a reconocer que sin una vida de oración y sacramentos estoy a sólo un paso de perder de vista las prioridades correctas y caer presa de lo mismo."

Si pudieras hablar francamente a un grupo de hombres católicos jóvenes, incluyendo a tus propios hijos, ¿qué es lo que te gustaría decirles respecto a las elecciones que tendrán que hacer en la vida?

"A mí por suerte se me han dado varias oportunidades para hablar a otros hombres, especialmente a jóvenes. Los mensajes que trato de impartir coinciden perfectamente con las preguntas que me estás haciendo y con el libro que estás escribiendo. Yo les aliento a reflexionar sobre lo que verdaderamente importa en la vida y a que intenten entender *su objetivo en la vida*, es decir, el plan de Dios para ellos y a seguir Su voluntad, no la de ellos mismos ni de nadie más.

"El punto clave que intento transmitir mediante historias y ejemplos es el poder entender y seguir la voluntad de Dios, y el valor de servir a otros y darse a sí mismos. La felicidad y plenitud verdaderas vienen de darse a uno mismo. Nada se compara con la sensación de alegría y plenitud que viene de eso. Y para hacer aquello, necesitamos conocer y entender a Cristo, el modelo de darse desinteresadamente a los otros. La fe católica proporciona la guía perfecta para hacer esto, reconociendo la dignidad de cada individuo, el poder de la auto donación y el poder de la Cruz.

"De un modo más práctico, yo los aliento (si están casados) a amar a sus esposas, y a amar y guiar a sus familias con base en su comprensión de y su amor por Cristo, y manteniéndolo a Él en el centro. Nada les proporcionará satisfacción y significado más duradero cuando lleguen al final de sus vidas.

"A menudo uso también la historia de mi donación de un riñón, puesto que es un relato de profunda alegría, felicidad y conversión, y lo que ha hecho para otros como resultado. Vacilé en hacerlo en algún momento debido al temor de parecer orgulloso, pero mi guía espiritual, el Padre Todd Belardi, me instruyó para dejar de lado mi vanidad y relatar la historia sin titubear, sugiriendo que Dios podría hacer grandes cosas con ella, lo cual ha resultado verdadero. Esto suele típicamente iniciar una discusión acerca de las oportunidades de dar desinteresadamente en tantas pequeñas formas a lo largo del día, y cómo eso nos lleva a la felicidad y plenitud.

"Randy, hay cinco acontecimientos en mi vida que yo puedo considerar como las acciones de la gracia de Dios más poderosas en mi vida. Si por cualquier motivo quieres tener una mejor idea respecto a ellos y el impacto que tuvieron en mi persona y en otras, déjame saber. Estos cinco eventos son:

- Mi conversión.
- Mi decisión de cambiar de carrera profesional (el relato está en la segunda pregunta arriba).
- Nuestra adopción.
- La donación del riñón.
- Nuestros dos hijos mayores trabajando como misioneros (y cómo sus experiencias llevaron a que nuestra familia tenga una fe aún más fuerte).

"Al fin y al cabo, rezo por que mi fidelidad e integridad en mis compromisos con la fe, la familia, el trabajo y los demás, en los temas grandes y pequeños, podrán, mediante la gracia de Dios y la intercesión de la Santísima Virgen y San José, ayudarme a cumplir la voluntad de Dios en mi persona y que induzca a otros a conocer, amar y servir a Cristo."

Rob Kaiser y Rick Swygman nos han proporcionado una infinidad de modos para encarar lo que es importante con acciones específicas basadas en la enseñanza de la Iglesia. Cuando pensamos sobre cómo vamos a vivir nuestras vidas cada día, comenzando hoy, ¿qué estamos dispuestos a hacer de manera diferente? Es importante oír de otros hombres católicos quienes posiblemente vivan vidas similares a las nuestras o quizá en un momento dado estaban dónde estás tú ahora en tu vida. Lleva esto a la oración. Estudia nuestra fe. Busca a otros hombres católicos fieles como mentores, guías y socios para ayudarte a rendir cuentas. ¡Vamos!

PREGUNTAS PARA LA REFLEXIÓN

1. ¿Tengo problemas en el área de saber qué es lo importante? ¿Tengo una sensación de arrepentimiento o culpabilidad debido a que algunos sectores de mi vida no están recibiendo suficiente atención o dedicación? ¿Qué estoy dispuesto a hacer de manera diferente?

2. Rob Kaiser ofreció una visión más psicológica y del cuadro general de las prioridades intercaladas con la vida real y la enseñanza católica, mientras que Rick Swygman fue directo y práctico a través del prisma de lo que la Iglesia y las Sagradas Escrituras

nos enseñan. ¿Puedo ver el valor de lo que ambos hombres ofrecieron? ¿Puedo hallar pepitas de oro de sabiduría en su consejo para ayudarme a obtener enfoque y claridad?

3. El autor escribió, "Pasamos demasiado tiempo tratando de manejar o tomar la delantera a las cargas de la vida que nosotros hemos creado que no separamos tiempo para Jesús." ¿Esto es verdad para mí? ¿He construido una vida que está exigiendo demasiado de mi persona para poder sostenerla y mantenerla?

4. ¿Puedo hacer una lista de todas mis actividades para mañana, con base en alinear mis prioridades de la manera que he aprendido en este capítulo y sabiendo que Cristo es primero, la familia segundo y el trabajo tercero? ¿A qué se parecería esta lista? ¿Puede convertirse en un mapa personal del camino para mantenerme enfocado?

CAPÍTULO DIECISÉIS

Verdaderos Rebeldes Católicos

Si vamos a ser rebeldes, rebelémonos contra
el mundo y hagamos nuestro el camino al cielo que pasa
por la Iglesia Católica.
— El autor —

Vamos muchachos, sabemos más que la Iglesia, ¿no es verdad? Después de todo, éste es el siglo veintiuno y los tiempos han cambiado. El hombre moderno es completamente capaz de decidir por su cuenta qué es lo moralmente correcto, ¿no? Todas las personas que son verdaderamente inteligentes en los medios de comunicación masiva, el gobierno y el sector académico quienes nos alientan a aceptar el aborto, la anticoncepción, la eutanasia y el matrimonio entre homosexuales no pueden estar equivocados, ¿verdad? Después de todo, todos saben que las ideas nuevas y frescas claramente deben triunfar sobre dos milenios de enseñanza de la Iglesia. ¿Verdad?

Equivocado.

Lamentablemente, mi párrafo inicial jocoso representa como muchos hombres católicos ven la enseñanza de la Iglesia hoy en día. Muchos se han dejado convencer por las mentiras que el mundo nos dice, en el sentido de que deberíamos rebelarnos en contra de la autoridad de Iglesia y del Papa, decidiendo por nuestra cuenta cuáles enseñanzas vamos a seguir y cuáles no. Nuestra apatía y relativismo moral que van en aumento, fuertemente influenciados por una cultura borracha de materialismo y que no tiene un norte moral, está poniendo a la Iglesia y al mundo en un grave peligro. La Iglesia Católica es una de las últimas líneas de defensa contra el mal y no debemos permitir que una rebelión mal aconsejada la destruya desde adentro. La Iglesia nunca deberá conformarse al mundo o ser asimilada por el mismo. Nosotros estamos en el mundo pero no somos del mundo, y debemos mantener la vista fija en nuestro hogar celestial.

LOS VERDADEROS REBELDES CATÓLICOS

Señores, si sentimos la necesidad de ser rebeldes, ¿por qué no encaminar esta energía en una dirección más positiva, una dirección que conduzca al cielo? Es fácil criticar a la Iglesia y conformarse a las variadas influencias del mundo, pero quizás el verdadero rebelde católico puede sobresalir adoptando la enseñanza de la Iglesia, no rechazándola, y siguiendo la dirección del Papa, no socavándola. Si de verdad queremos seguir las enseñanzas de Cristo, ¿no deberíamos hacerlo a través de la misma Iglesia que Él fundó? Si vamos a ser rebeldes, rebelémonos contra el mundo y hagamos nuestro el camino al cielo que pasa por la Iglesia Católica.

SEIS MANERAS POSITIVAS EN LAS QUE LOS HOMBRES CATÓLICOS PUEDEN REBELARSE CONTRA EL MUNDO

1. EVITAR EL CATOLICISMO DE CAFETERÍA. No podemos escoger y elegir lo que vamos a creer y seguir siendo auténticos católicos. Sigan el Magisterio de la Iglesia y practiquen nuestra fe de manera auténtica, confiando en que dos milenios de historia y enseñanza de la Iglesia son muy superiores a lo que nosotros podríamos lograr por nuestra cuenta.

2. PONER DE LADO NUESTRO ORGULLO Y ENTREGARNOS. Reflexionen sobre nuestra investigación de este tema en el Capítulo Dos. ¡Se debe tener un ego bastante grande para decirle no a Cristo y a Su Iglesia! Lo que necesitamos es más humildad, entrega total y un compromiso sincero de anteponer la voluntad de Cristo a la nuestra. Sé por experiencia personal que haciéndolo a mi manera nunca funcionó muy bien para mí.

3. RESTABLECER LA MASCULINIDAD. Combate la guerra de la sociedad contra la masculinidad siendo un verdadero hombre de Dios. Nos están menospreciando, marginando y castrando desde todo punto de vista y debemos contra atacar. Defiende lo que desprecian aquellos que atacan la masculinidad. Sé un verdadero esposo para tu mujer. Sé un gran padre para tus hijos. Sé el líder espiritual en casa. Levanta en alto y apoya el Sacramento del Matrimonio mediante el

testimonio de tu propio matrimonio sólido. Sé un hombre que no tiene temor de compartir a Cristo con los otros y de responder el llamado a la evangelización.

4. PRACTICAR LA SANTIDAD PERSONAL. En *Christifideles laici*, no. 16, el Papa San Juan Pablo II declara: "La vocación a la santidad hunde sus *raíces en el Bautismo* y se pone de nuevo ante nuestros ojos en los demás sacramentos, principalmente en la Eucaristía. Revestidos de Jesucristo y saciados por su Espíritu, los cristianos son 'santos,' y por eso quedan capacitados y comprometidos a manifestar la santidad de su *ser* en la santidad de todo su *obrar*. El apóstol Pablo no se cansa de amonestar a todos los cristianos para que vivan 'como conviene a los santos' *(Ef 5, 3)*."

5. ¡SER GOZOSOS! Es tan fácil perdernos en nuestros problemas y olvidarnos de ser gozosos—me pasa a mí y casi a todas las personas que yo conozco. Pero acuérdense que estamos rodeados de personas que nos están mirando. Podrían estar buscándolo a Él y buscando a alguien, cualquiera, que les muestre el camino a Cristo. Podrían aprender de nuestro buen ejemplo, ser inspirados por nuestra alegría y ser alentados por nuestro peregrinaje de fe si tan sólo recordáramos que estamos llamados a compartir la Buena Nueva. Si somos lúgubres, frustrados, enfocados hacia adentro de nosotros y críticos de la Iglesia nunca vamos a poder ayudar a nadie y posiblemente pongamos en riesgo nuestra propia salvación.

6. **Perseguir el cielo, rechazar el mundo.** ¡Esta es la parte medular del libro y un mensaje del que debemos acordarnos! El cielo es nuestro destino final y no este lugar que llamamos la Tierra. ¿Nuestros críticos nos ayudarán a ir al cielo? ¿Nos apoyarán en los momentos difíciles? No, ellos nos empujarán hacia una forma de vida mundana que tiene poca paciencia para las cosas de Dios y donde el materialismo y la popularidad son los ídolos de moda del día. Hacer lo que es correcto no siempre es fácil, pero a la larga es claramente lo más beneficioso. ¿Por qué no escoger el cielo?

Existe una manera más de ser un auténtico rebelde católico en el mundo de hoy que es como el hilo conductor que une todas las otras acciones que he mencionado: *rezar fielmente cada día.*

Tal como hemos aprendido a lo largo de este libro, empiecen el día con una oración para dar gracias a Dios por las bendiciones en nuestras vidas. Persígnense y recen en cada comida, pública o privada. Recen un Rosario cada día o cinco misterios de él y pidan la ayuda e intercesión de Nuestra Santísima Madre, y recen con sus familias todas las noches. No me puedo imaginar que alguien pudiera rebelarse en serio contra la Iglesia si estuviera fielmente comprometido con rezar cada día.

Sería muy fácil leer este capítulo y decidir que no se aplica a nosotros, pero yo sugiero que todos somos culpables de algún grado de rebelión negativa cada día. Piensen en todas las oportunidades que hemos tenido para ser la luz de Cristo para los otros. Podríamos tomar la salida fácil en la práctica de nuestra fe cuando se requiere un pequeño esfuerzo adicional o cuando ignoramos lo que se exige de nosotros según nuestras vocaciones dadas por Dios. Podríamos oponernos a hacer lo que sabemos es lo correcto porque tememos las opiniones negativas de otros o nos falta el valor para encarar situaciones difíciles.

Una de las cosas que más me gustaron de la Iglesia Católica cuando me convertí era el hecho que no es fácil ser católico. Yo me crié con una "fe fácil" en la Iglesia Bautista cuando era joven, me salí cuando era adolescente y no tuve fe alguna durante veintitrés años hasta que retorné al hogar de la verdad del catolicismo en el 2005. Estoy increíblemente agradecido por mi fe católica y no entiendo porque debería perder mi tiempo discutiendo en contra de las enseñanzas de la Iglesia. Ya pasé más de dos décadas diciendo no a Dios, y mi rebelión plagada de orgullo fue agotadora. Cuando me entregué a Su voluntad en el 2005 empecé a decir sí y eso ha hecho toda la diferencia en mi vida.

Por mucho tiempo he admirado el trabajo del ministerio *'Crossing the Goal'* [*Cruzando la Meta*] y su trabajo con los hombres católicos. Cuando pensaba y rezaba acerca de qué hombres posiblemente podría entrevistar para este capítulo, yo sabía que quería a alguien de este ministerio y una referencia fortuita de un amigo común me llevo a Peter Herbeck.

Peter Herbeck es el vice presidente y director de las Misiones para Ministerios de Renovación (Missions of Renewal Ministries). Ha estado activamente involucrado en la evangelización y la renovación católica en todo Estados Unidos, Canadá, África, Asia, Latinoamérica y Europa durante los últimos veinticinco años. Peter es el co-anfitrión de "The Choices We Face" (Las Opciones Que Enfrentamos) y es miembro de Cruzando la Meta (Crossing the Goal). También es el anfitrión todos los días de un dinámico programa de radio, "Fuego en la Tierra" (Fire on Earth), que se enfoca en la misión católica y la evangelización. Él es el autor de dos recientes libros, *When the Spirit Comes in Power [Cuando el Espíritu Viene con Poder]* y *When the Spirit Speaks [Cuando el Espíritu Habla]*, así como una serie de CDs de inspiración que se llama "The True Discipleship Series" ("La Serie de Discipulado Verdadero"). Peter también es miembro del Directorio de la Fraternidad Nacional de Hombres Católicos y con frecuencia es conferencista. Él es licenciado en filosofía de la Universidad de St. Thomas y tiene una maestría en teología del Seminario Mayor del Sagrado Corazón de Detroit.

Peter y su esposa desde hace veintidós años, Debbie, tienen cuatro hijos. Sarah (veintiún años), Michael (veinte), Joshua (dieciséis) y Rachel (catorce). Peter y su familia son miembros de la parroquia de Cristo Rey en Ann Arbor.

Peter, a través de tu trabajo con Cruzando la Meta y los Ministerios de Renovación, ¿qué tipo de ejemplos observas que están dando la mayoría de los hombres católicos a sus familias, amigos y compañeros de trabajo? ¿Cuáles son los mayores factores que contribuyen a lo que estás viendo?

"La mayoría de los hombres que observo y con los que hablo reconocerían que ellos no dan en el blanco cuando se trata del liderazgo espiritual en la vida y la familia. La mayoría de los hombres católicos necesitan una conversión básica. La clase de conversión de la que habló el Papa San Juan Pablo II en *Redemptoris missio* es esa conversión que comienza con una 'fe que es total y radical' y lleva a los hombres a 'aceptar, mediante una decisión personal, la soberanía salvadora de Cristo y el convertirse en sus discípulos' (No. 46).

"Muchos hombres no se ven a sí mismos, ni entienden qué significa vivir como discípulos de Jesús. Muchos todavía no han logrado conocer a Jesús personalmente. El resultado es que se sienten perdidos con frecuencia cuando se trata de asuntos espirituales. El llamado de la Iglesia a los hombres a vivir su bautismo cada día como sacerdotes, profetas y reyes no les llega. Pocos hombres saben cómo rezar, comunicar la fe o utilizar los dones que el Señor les ha dado para hacer presente en este mundo Su reino.

"Porque no han llegado a tener una relación adulta, madura con Cristo en Su Iglesia, ellos no se comprometen a la misión que se les ha otorgado de conducir a sus familias, de hacer de sus hogares una iglesia doméstica. Como resultado, muy pocos hombres parecen capaces de hacer algo tan simple como dirigir la oración en familia. La oración, cuando ocurre, cae en manos de la mamá por incumplimiento del papá. El papá se siente incómodo por lo que se convierte en un seguidor en lugar de ser el líder.

"Él no puede dirigir con confianza porque no ha construido los cimientos básicos de su propia vida. No está motivado para enfrentar el desafío; no sabe qué hacer. Elementos sencillos, esenciales de esa construcción faltan: la oración diaria, lectura de la Biblia, recepción frecuente de los sacramentos, dádivas generosas y un compromiso con la misión, la evangelización y así sucesivamente.

"El resultado es que él siente que su vida espiritual es una forma de religión. Es aburrida, mayormente trata de reglas que son difíciles de cumplir, y a menudo se siente oprimido por una sensación recurrente de culpabilidad. Todo el tema de la Iglesia le es desagradable, incómodo y embarazoso.

"Muchos de los hombres viven en una isla cuando se trata de asuntos espirituales y de su vida interior. Llevan a cuestas sus cargas, temores, pecados, tentaciones y fracasos. Muchos hombres están atrapados en patrones empedernidos de pecado, viviendo vidas dobles. Suelen mantener los asuntos espirituales y la misión de la Iglesia alejados de ellos porque se sienten indignos, inadecuados o hipócritas, ¿Quién soy yo para decir algo a otra persona? Es mejor no decir nada. Debido al hecho que no abren sus vidas, la Iglesia no llega a tocar sus necesidades. Ellos entonces, muy a menudo, llegan a la conclusión de que 'no reciben nada por ser católicos.'

"Los hombres más jóvenes no tienen muchos modelos que les inspiren a vivir una vida de discipulado radical e integrada. ¿Cuántos hombres de negocio católicos exitosos ellos conocen que les pueden hablar libremente acerca de su relación con Jesús y de lo que significa para ellos pertenecer a la Iglesia? El Papa Francisco describió la vida católica como 'una comunidad en misión' y a los bautizados como 'discípulos en misión' quienes viven sus vidas en un 'estado perpetuo de mission.' ¿Dónde ven los jóvenes a esta clase de hombres?

"La mayoría de los jóvenes adultos que conocemos tienen dificultades en madurar, en llegar al estado de adultez. La cultura intenta volverlos adictos a una adolescencia prolongada, que incluye evitar los compromisos, mantener las opciones de uno abiertas en todo momento, no tomarse las cosas en serio, postergar el matrimonio para mantenerse 'libre' el mayor tiempo posible, y asegurándose de maximizar su diversión mientras todavía pueden. Los hijos, responsabilidades familiares, vivir para el bienestar de otros, hacer auténticos sacrificios o vivir bajo el señorío de Jesús les parece demasiado limitado, sofocante y restringido. El llevar la propia cruz es perderse toda la diversión.

"Hay excepciones heroicas a todo esto, pero las estadísticas relatan la historia. Casi todas las encuestas demuestran como altos porcentajes de hombres católicos bautizados viven de un modo que en nada difiere de la forma de vida de sus pares que no creen en Dios."

Mucho se ha escrito acerca de la "emasculación de los hombres" en la sociedad de hoy. ¿Crees que eso está contribuyendo a algunos de los difíciles ejemplos que estás viendo en nuestros hombres católicos?

"Sí. La cultura mundana que nos rodea está en guerra contra lo que es auténticamente masculino. La aniquilación del género es un ejemplo de esto. Hollywood trabaja horas extra socavando el papel de los hombres y padres. Los padres normalmente son representados en las telenovelas y programas similares como payasos – débiles, desactualizados, egoístas, adolescentes de por vida.

"Las normas y costumbres culturales han cambiado drásticamente. La sociedad hoy día recompensa e incluso adora al varón narcisista, centrado en sí mismo, empeñado en lograr la realización personal. El objetivo de la vida es la auto-realización, lo cual exige que se defina la realidad, la vida buena, el significado y propósito de la vida en mis propios términos.

"Jesús llama a todos los hombres a morir al yo. Él convoca a todos los hombres a convertirse en guerreros, a dar su vida por otros. Los hombres sanos saben que la vida no gira en torno a ellos, que la masculinidad auténtica se encuentra en proveer para los otros, en proteger, conducir, formar y guiar a la próxima generación.

"El hombre castrado está en guerra con su propio corazón. Cada joven, sano quiere llegar a ser un hombre en el verdadero sentido de la palabra. Quiere ser valiente, hacer algo heroico y significativo con su vida. En su verdadero corazón él quiere perderse a sí mismo y asumir las responsabilidades que Dios ha colocado en su vida. Quiere llevar grandes responsabilidades con dignidad y vivir una vida digna de respeto. Aunque la mayoría de los hombres no pueden expresar esto con palabras, ellos desean seguir a Jesús al Calvario. La emasculación mata, o por lo menos debilita severamente, este deseo innato, entrenando a los hombres a preocuparse por salvar sus propias vidas. Ser católico significa justamente lo opuesto.

¿Cómo hace el hombre católico para dar el ejemplo correcto para otros? ¿Qué significa esto en términos prácticos?

"San Pablo capta lo que yo creo es el primer paso en el siguiente versículo de la Sagrada Escritura: *. . . con Cristo estoy crucificado; y ya no vivo yo, sino que Cristo vive en mí. Esta vida en la carne, la vivo en la fe del Hijo de Dios que me amó y se entregó a sí mismo por mí.* (Gal. 2, 20-21)

"El primer paso tiene que ser la decisión de corazón de imitar a Jesús y de vivir para Él. No lo haremos a la perfección, pero si no elegimos conscientemente hacerlo y hacemos que sea nuestra pasión y propósito supremos, no vamos a saber cómo dar el ejemplo correcto.

"Luego, poner en su lugar esos hábitos sencillos que permitirán que el Señor imprima su carácter en ti. Decide darte tiempo cada día para orar. La oración es platicar con Dios. Este será el cimiento de tu vida como su discípulo. Él quiere hablar contigo, mostrarse a ti, revelarte Su plan y propósito para tu vida. Él te enseñará a poner el ejemplo para los demás.

"Una parte importante de tu conversación con Dios es la lectura diaria de la Biblia. El Papa Emérito Benedicto XVI dijo que él creía que el secreto de una 'nueva primavera espiritual' para la Iglesia se podría encontrar en 'la lectura diaria de la palabra de Dios.' ¿Por qué? Él dijo que debido al hecho que Jesús está presente en cada página de las Sagradas Escrituras, Él está esperando para hablarnos, para moldearnos a su imagen. No podemos imitarlo a Él ni dar un ejemplo para otros sin no sabemos quién es Él. San Jerónimo es el que mejor lo dijo: 'La ignorancia de las Escrituras es ignorancia de Cristo.' Muchos hombres no tienen la más mínima idea de cómo dar un ejemplo semejante a Cristo para otros porque no lo conocen a Él.

"Recibir frecuentemente los sacramentos también es importante. La asistencia a misa cada domingo es lo mínimo. La oración diaria y la asistencia semanal a misa son las maneras fundamentales para empezar a dar el ejemplo correcto. Haz saber a tus hijos, familia y amigos cuanto te importa tu relación con Jesús. Pon lo primero en primer lugar, honra el Día del Señor sin concesiones. Que sea algo no negociable, no sólo porque es un pecado no hacerlo, ¡sino porque tú quieres hacerlo!

"Cuando empieces a caminar con el Señor, Él te cambiará. Tus prioridades van a cambiar; te verás queriendo complacerlo a Él en todo lo que haces. No sucederá de golpe ni lo harás a la perfección, pero cambiarás, paso a paso.

"Una de las cosas más prácticas que puedes hacer para poner el ejemplo para otros es en realidad vivir la regla de oro: trata a los demás como quisieras que te traten. Pregúntate, en tu matrimonio, al relacionarte con tus hijos, cuando te enfrentas a un problema en el trabajo, o simplemente cuando estás relacionándote con tus colegas, ¿cómo me gustaría que me traten en esta situación? Si lo haces, te darás cuenta que estás haciendo lo que las Sagradas Escrituras te llaman a hacer. Por ejemplo, ser pronto para escuchar y lento para hablar, decir sólo las cosas que los hombres necesitan escuchar, creer que otros son mejores que tú, humillarse, no permitir que se ponga el sol cuando estás enojado, enojarse pero sin pecar, hablar la verdad en amor, perdonar como tú has sido perdonado, ser sobrio, no emborracharse, amar a tus enemigos, desterrar la ira, enojo, malicia, difamación y malas palabras de tu boca, controlar tu cuerpo en santidad y honor, y así sucesivamente."

Anteriormente en este capítulo yo me referí a la importancia crítica de permitir que aquellos que nos rodean vean nuestro júbilo y la "luz de Cristo" trabajando en nuestras vidas en nuestro esfuerzo para rebelarnos contra el mundo. ¿Estás de acuerdo?

"Sí. Y es importante acordarse que expresar la alegría del Señor no es simplemente un sentimiento, sino una decisión que está cimentada en la verdad inmutable de lo que Jesucristo ha hecho por ti. Dios te ama. ¡Él ha enviado a Su Hijo a morir por ti para que tú te conviertas en un hijo de Dios, un heredero al reino y gloria de Dios! Haz saber al mundo que tú posees, por la misericordia de Dios, la perla de gran precio. No importa lo que experimentes hoy, no importa que pruebas enfrentes, que desilusiones encuentres en el camino, nada puede separarte del amor de Dios. En Cristo se te ha dado un reino, la vida eterna, el cumplimiento de todo lo que tú deseas. ¡Tenemos razón para regocijarnos!

"Este es el punto central de la nueva Exhortación Apostólica del Papa Francisco, *Evangelii gaudium,* 'La Alegría del Evangelio.'

"¿Qué diferencia hace conocer a Jesús? La alegría tiene una fuerza de atracción. La alegría que atrae es el fruto que viene de vivir con Jesús en el Espíritu Santo. Es una realidad que el mundo no conoce y no puede dar. Por eso es que es tan importante permitir que la alegría del Señor irradie de nuestras vidas o se vuelva la 'luz de Cristo' como tú la llamaste tan certeramente.

"¿Qué posee el cristiano que un no creyente podría desear? Como lo dijo un autor, 'Si me vuelvo cristiano, ¿es para mejorar o para empeorar?' La alegría es un tesoro que todos anhelan poseer. Permite que tu luz brille. Muestra a los demás lo que es posible para sus propias vidas.

"Demasiados hombres católicos muy rara vez demuestran la alegría del Señor. Aún en misa los hombres suelen verse aburridos o distraídos, o como lo dijo el Papa Francisco, como si 'acabaran de llegar de un entierro.' La alegría es una de las características definitorias de la nueva vida en Cristo. Si no la tenemos, es una señal segura que todavía no nos hemos encontrado con Jesús ni lo conocemos como Él desea ser conocido."

Si los lectores de este libro fuesen inspirados a buscar buenos modelos a seguir o quisieran ser mejores modelos de conducta ellos mismos, ¿qué es lo que les dirías? ¿Cuál sería el próximo paso?

"En primer lugar, leer la vida de los santos. Ellos son nuestros modelos. Estos son hombres y mujeres, hombres y mujeres comunes, cuyas vidas fueron transformadas por Jesús. Nos muestran lo que es posible, lo que Dios quiere producir en nosotros.

"En segundo lugar, yo buscaría un hombre piadoso en mi parroquia, alguien que esté viviendo congruentemente, un hombre de santidad e integridad. Los Proverbios nos dicen que cuando encontremos un hombre de estas características lo visitemos incansablemente. Averigua que lo motiva, que le ha mostrado el Señor acerca de ser un ejemplo para los demás. ¿Cómo ha sorteado sus retos en el lugar de trabajo, con sus compañeros y colegas? ¿Dónde encuentra su fortaleza?

"En tercer lugar, me buscaría una pequeña banda de hermanos, otros hombres que quieran 'meterse a fondo' como discípulos de Jesús. Busca hombres que estén dispuestos a poner sus cartas sobre la mesa, hombres que quieran lo que tú quieres. Compartan sus vidas entre ustedes, lo bueno y lo malo. Aprendan a rezar juntos, a estudiar la Palabra de Dios juntos, a ayudarse en los momentos difíciles. Si encuentras un grupo como éste, dispuesto a abrir sus vidas entre sí y a seguir al Señor dondequiera que Él los conduzca,

Él te guiará y te dará sabiduría y discernimiento mientras tú intentas ser Su hombre en el mundo. Todos los hombres necesitan la fuerza que viene de una hermandad como ésta. Es un elemento constitutivo de ser un discípulo. No se supone que debamos luchar solos."

Como nos dijo Peter, no lo podemos hacer solos y debemos rezar pidiendo el consejo del Espíritu Santo. En mi propia experiencia esto es un trabajo en proceso cada día y nunca es fácil. Pero todos nosotros debemos reconocer que hay personas que nos están viendo para ver nuestro ejemplo. Quieren aprender de y ser inspirados por nuestra valentía, si nosotros tan solo estamos dispuestos a defender a Cristo. Piensa cuán afortunados somos viviendo en un país cristiano (a pesar de que nuestras libertades religiosas están siendo atacadas) cuando lo único que arriesgamos es la posible desaprobación o alienación de otros. Cuando llevamos nuestra fe al trabajo y a la plaza pública, estamos enfrentándonos a ese temor y solidificando los valores fundamentales en los que nosotros como cristianos creemos. Será difícil a veces y exigirá sacrificios, pero vivir con el amor de Dios cada minuto de cada día es muchos más provechoso que un poquito de desaprobación.

Sé que esto es difícil, pero los sacrificios de nuestra parte son necesarios. El sacrificio es simplemente amar a Cristo más de lo que amamos la opinión de aquellos que nos rodean, y el dar un ejemplo que valga la pena emular. Recemos los unos por los otros y sigamos pidiéndole fuerza y discernimiento a Jesús para conocer y seguir Su voluntad. Mañana es un nuevo día. ¿Tendremos la valentía de ser una luz para Cristo para esas personas que nos rodean?

¿Han visto un cuadro de San Miguel Arcángel parado sobre un Lucifer derrotado? En el *Paraíso Perdido* de Milton, Lucifer declaró su rebelión al grito de, *"Non serviam"* (en latín, "No serviré"). El Arcángel Miguel lealmente defendió a Dios con su grito de *"Serviam"* y derrotó a Lucifer enviándolo al infierno con todos sus diablos.

Hermanos, ¿qué será para nosotros, *Serviam o Non serviam*?

PREGUNTAS PARA REFLEXIONAR

1. ¿Alguna vez he sido culpable de la rebelión "mala" descrita por el autor en su primer párrafo?

2. El autor nos ha manifestado en este capítulo y varias veces en el libro que hemos sido hechos para el cielo y no para el mundo. ¿Qué significa esto para mí? ¿Estoy en el camino que lleva al cielo?

3. El autor y Peter Herbeck cuidadosamente explicaron la importancia de la alegría y el atractivo que la alegría tiene para otros. ¿Mi relación con Cristo y el vivir mi fe me hacen sentir júbilo? ¿Soy una alegre "luz de Cristo" para aquellos que me rodean?

4. ¿Estoy activamente haciendo cualquiera de las seis maneras para ser un rebelde católico positivo de la lista del autor? ¿Estoy dispuesto a comprometerme a vivir de este modo y rebelarme contra el mundo?

Conclusión

> He competido en la noble competición,
> he llegado a la meta en la carrera, he conservado la fe.
> Y desde ahora me aguarda la corona de la justicia que aquel
> día me entregará el Señor, el justo Juez; y no solamente
> a mí, sino también a todos los que hayan esperado
> con amor su Manifestación.
> — 2 Timoteo 4, 7–8 —

¿Alguna vez te has preguntado si tendrás la oportunidad de decirle a las personas que amas todo lo que quieres que ellos sepan respecto a lo que es importante en la vida y de transmitirles lecciones importantes sobre la vida? ¿Cuántos de nosotros nos hemos beneficiado de la influencia de nuestros padres, abuelos y otras personas que fueron importantes en nuestras vidas? A raíz de mi fuerte deseo de criar a mis hijos para que sean hombres católicos fuertes y fieles, he redactado una carta para ellos que yo espero les inspire a hacer algo similar con sus hijos y nietos. Nuestros hijos y las futuras generaciones no conocerán a Cristo o nuestra fe católica salvo que nosotros compartamos nuestras experiencias, sabiduría y quizás algo de lo que podamos haber recogido de este libro. Por favor reflexiona y ora acerca de esta responsabilidad tan seria... por su bien así como por el nuestro.

Mis Queridos Hijos,

Les parecerá raro que les esté escribiendo específicamente a ustedes al final de este libro. Espero que entiendan la razón cuando hayan terminado de leerlo. Quiero que sepan que su mamá y yo los amamos a ambos muchísimo y no podríamos estar más orgullosos de ustedes. No somos padres perfectos, pero hicimos lo mejor que pudimos para ayudarles a abrirse campo en estos años difíciles de maduración y preparación para el futuro.

A medida que he ido madurando he logrado la perspectiva para apreciar las cosas en su justo valor y estoy agradecido por la capacidad de reflexionar sobre las muchas lecciones que he vivido. Aprecio los retos que he enfrentado porque me ayudaron a formarme como hombre, esposo y padre. Quisiera acordarme de toda la sabiduría que mis padres compartieron conmigo cuando tenía la edad de ustedes, pero sólo puedo captar memorias fugaces de vez en cuando a medida que pasan los años.

¡Hay tantas cosas que quisiera compartir con ustedes! Quiero decirles lo que se siente cuando te enamoras de la mujer con la que te vas a casar. Quiero que sepan el regocijo indescriptible que sentí cuando ustedes dos vinieron al mundo. Quiero que entiendan los años difíciles que pasé en el desierto espiritual sin fe y la profunda experiencia de conversión que tuve cuando me rendí a Cristo y hallé la verdad que estaba buscando durante la mayor parte de mi vida en la Iglesia

Católica. La enumeración de ricas experiencias y lecciones es casi sinfín...pero quizás compartiré algunas de ellas ahora y guardaré el resto para futuros libros.

Para que sea sencillo, acá hay ocho cosas que me gustaría que las piensen, las lleven a la oración y que ojalá recuerden por el resto de sus vidas:

1. **Fe.** Dios los ama, sin importar lo que pase. Sigan siendo fieles a sí mismos y siempre amen y sírvanlo a Él. Manténganse dedicados a nuestra fe católica a pesar de todas las tentaciones que tendrán del mundo para alejarse de ella. Sean hombres de oración y cumplan con los sacramentos, especialmente la Eucaristía y la Reconciliación. *Nunca se olviden* que fueron hechos para el cielo y no para el mundo.

2. **Valores.** Su mamá y yo les hemos enseñado la diferencia entre el bien y el mal. Nuestra fe católica les ha ayudado a aprender a amar a su prójimo y a servir a los demás. Nunca pierdan el contacto con sus valores — ellos definen quienes son ustedes. No cedan a la tentación de sacrificar sus valores por un poco de comodidad temporal o placer. Nunca, jamás vale la pena.

3. **Educación.** Los estudios no siempre van a ser divertidos. No fue divertido para nosotros tampoco. Pero es muy importante tener una educación de calidad si quieren tener buenas opciones de carrera profesional. Nunca crean que saben demasiado. Sean estudiosos toda su vida, no solamente en lo académico, sino también respecto a nuestra hermosa fe católica. Tengan una

4. **Ética de trabajo.** Nada en la vida es verdaderamente gratis. Trabajen fuerte y serán recompensados. Paguen su derecho de piso y ábranse paso trabajando más fuerte que los que les rodean. No importa lo que escuchen más adelante en la vida, les prometo que no existe un camino fácil a la riqueza y nada reemplaza el trabajo fuerte. ¡Yo sé, yo sé, esta parte suena exactamente como Papá!

5. **Amor.** Ustedes conocerán a muchas muchachas en sus vidas. Traten a todas ellas con dignidad y respeto. Valoren más su belleza interior que su apariencia exterior. Traten sus cuerpos como templos sagrados y no se rindan al comportamiento pecaminoso. Sabrán que están enamorados cuando sus rodillas cedan, sean un manojo de nervios y no puedan dejar de pensar en ella como la chica más bella que jamás hayan visto. ¿Y luego qué? Lleguen a conocerla, construyan una relación con ella y dense el tiempo para asegurarse que si ella es *la elegida*. Eventualmente sabrán si lo es y si ella los está viendo del mismo modo. Vayan contra corriente, hagan lo correcto y esperen hasta el matrimonio. Quizás el mundo pueda mofarse de ustedes, pero Jesús los amará por ello.

6. **Responsabilidad.** Ustedes nos han escuchado a su mamá y a mi decirles miles de veces: "Tienen que ser más responsables". Pues, deben serlo. Alguien tiene que ser responsable, ¿por qué no ustedes? Si están involucrados en un trabajo o un proyecto,

actúen responsablemente y sean líderes. Si hacen un embrollo, arréglenlo, Si dicen que van a hacer algo, háganlo. Uno de mis jefes me dijo años atrás, "¡Si lo tocas, lo pagas!" Este dicho siempre me ha ayudado y me ha servido muy bien en incontables maneras. No esperen a que otra persona se haga responsable. Puede ser que dependa de ustedes. Y por cierto, ¿saben quién será *siempre* responsable por sus actos? Ustedes.

7. AMISTADES. Sean fieles a sí mismos y a sus amigos. Pasen el tiempo con personas que compartan sus valores. Sean tan buenos amigos a otros que siempre puedan decirles la verdad. Este es el signo de un buen amigo. Si sus amigos están transitando un camino que ustedes saben que es errado, pónganse firmes y no los sigan. La cosa complicada de las amistades es que a veces se hallarán solos porque se han comprometido a seguir las enseñanzas de la Iglesia o los valores que aprendieron cuando eran jóvenes. Confíen en mí en este tema — *nunca abandonen su fe o sus valores para seguir a la multitud.* Por otra parte, esperemos que tengan unos cuantos amigos íntimos que permanezcan con ustedes toda la vida y deben ser atesorados como regalos de Dios.

8. SEAN AUTÉNTICOS. Jamás pretendan ser alguien más. Ustedes son quienes Dios los creó para ser. No estén tentados a esconder sus verdaderas personalidades, su fe o lo que realmente piensan de otros.

CONCLUSIÓN

Espero que lean esto y me vengan con muchas preguntas. Les prometo que (su mamá) y yo estamos siempre disponibles para ayudarlos. ¿Ustedes sabían que su mamá y yo tenemos una vocación (trabajo) que nos ha confiado Dios? Nuestra vocación es ayudar a nuestra familia (y a todo el resto de las personas) a llegar al cielo. Esa es nuestra responsabilidad número uno como padres. Ustedes se van a tropezar y luchar con dificultades en la vida, pero no se olviden que nosotros estamos aquí para ayudarlos y que nunca los abandonaremos. Aún más importante, Dios los ama y nunca los abandonará. Él quiere que aprendan, crezcan y piensen por ustedes mismos, pero que nunca se aparten de su amor.

Muchachos, quiero que sean felices. ¡Realmente felices en verdad! ¿Pero saben qué? No pueden ser verdaderamente felices salvo que tengan gozo. ¿Saben de dónde viene el gozo? Viene de poner a Cristo en el primer lugar en nuestras vidas y de amarlo tanto que todos ven cómo Él trabaja dentro de ustedes. Entonces tendrán el verdadero gozo, que los hará real y verdaderamente felices.

¿Se fijaron en el pasaje de la Biblia al principio de esta carta? Reflexionen en la primera parte del pasaje: *He competido en la noble competición, he llegado a la meta en la carrera, he conservado la fe.* Algún día, cuando sean esposos y padres con sus propios hijos, espero que ustedes me digan estas palabras a mí… y que transmitan estas lecciones a sus hijos.

Y una cosa más… Escribí este libro para ustedes.

— Con todo mi amor, Papá —

APÉNDICE UNO

Cómo la Pornografía Destruye Vidas

ENTREVISTA CON PATRICK TRUEMAN, PRESIDENTE DE LA ORGANIZACIÓN MORALITY IN MEDIA [MORALIDAD EN LOS MEDIOS DE COMUNICACIÓN].

Sabiendo que la pornografía es un problema que va en aumento rápidamente entre los hombres, contacté a Patrick Trueman, experto católico en el tema y presidente de la organización *Morality in Media* [Moralidad en los Medios de Comunicación] a fin de obtener su opinión y sus observaciones acerca del problema, y acerca de lo que los hombres pueden hacer para deshacerse de ésta adicción tan negativa. Patrick Trueman es el Presidente y Gerente General de la organización norteamericana *Morality in Media*; miembro del Consejo de

San Francisco Xavier No. 6608 en Búfalo, Minnesota; y trabajó como Jefe de la Sección de Obscenidad y Explotación de Niños, de la División Penal del Departamento de Justicia de los Estados Unidos en las administraciones de Reagan y George H.W. Bush.

Patrick, a través de tu trabajo como Presidente de la organización norteamericana "Moralidad en los Medios de Comunicación" y con base en toda una vida en la lucha contra la obscenidad, la indecencia, la pornografía y los negocios orientados a la sexualidad, ¿cómo describirías el impacto que la pornografía tiene en los hombres hoy en día, específicamente sobre los hombres católicos? ¿Tienes algunas estadísticas para compartir con nosotros?

"Todos los sacerdotes católicos con los que hablo me dicen que la pornografía es el problema número uno que se menciona en la Confesión, y recuerden que sólo los hombres más devotos van a la Confesión.

"Hay una abundancia de información en nuestro sitio de investigación críticamente revisada que tiene estadísticas sobre el uso de la pornografía. Pueden ver los siguientes sitios: PornHarmsResearch.com o http://pornharmsresearch.com/2012/07/teens-and-college-students-the-epidemic-of-pornography-use-in-america-statistics/. Algunas de estas cifras indicativas del uso de pornografía son bastante bajas en mi opinión pero todas indican que el uso de la pornografía es generalizado. El consumo de pornografía empieza a una edad mucho más temprana para la mayoría de los usuarios, ahora más que nunca debido al fácil acceso a la pornografía por el Internet. Las imágenes son más 'duras' y mucho más aberrantes que las que habían disponibles una generación anterior cuando solo había la revista *Playboy* disponible para relativamente pocos jóvenes.

"El volumen del material consumido por niños es mucho mayor que el de una generación anterior. Entonces un niño quizá podría echar mano a sólo una revista que podría tener media docena de fotografías de mujeres con el busto desnudo. Hoy en día un niño tiene acceso a cientos y miles de fotos y videos de pornografía explícita, a menudo violenta y ciertamente aberrante. La pornografía infantil también es asequible. Así, antes de llegar a la mayoría de edad, muchas personas, católicas o no, están sumergidas en la aberración pornográfica que a menudo se convierte en la influencia dominante en sus vidas, reemplazando a la familia, el colegio, las amistades y la iglesia/religión. Hay investigaciones que indican que un número creciente de hombres que están en sus veintitantos años, sufren de una disfunción sexual inducida por la pornografía, de acuerdo a *Psychology Today*. Estos hombres no pueden pensar, o no quieren pensar, en el matrimonio o la vida familiar—no les interesa.

"La Iglesia Católica (o cualquier iglesia) tiene pocas probabilidades de evangelizar a estas personas—es extremadamente difícil competir con los mensajes recibidos de la pornografía."

APÉNDICE UNO

¿Cómo caen los hombres católicos en la "trampa de la pornografía"? ¿Qué es lo que les atrae acerca de ella?

"Hoy en día casi todos ellos son atraídos a la pornografía desde niños. Esto debería proporcionar una clave sobre cómo prevenir o por lo menos frenar este problema. Mientras algunos piensan que es inapropiado tener programas de la iglesia o en el colegio acerca del tema de la pornografía dirigidos a niños, la exposición a la pornografía empieza en la escuela primaria para casi todos los niños y ellos no están ni remotamente preparados para lidiar con ello. La curiosidad y la presión de los compañeros, la fácil accesibilidad a la pornografía en el Internet y la naturaleza adictiva de la pornografía atrapan a estas personas. Asimismo, muchos niños caen en la trampa porque sus padres están tan poco educados acerca de las maneras de protegerlos contra la pornografía. Un pequeño porcentaje de familias tiene software para bloquear y filtrar, y aquellas que lo tienen, sólo lo tienen para un aparato en la casa. Tiene que estar instalado en todos los aparatos conectados al Internet. Al mismo tiempo, muchos padres no saben que existe software para monitorear que les permite ver qué sitios visitan sus hijos. El software para bloquear y monitorear también se debe usar con adultos para evitar la tentación. Vivimos en una cultura sexualizada con una tienda de pornografía accesible en todo momento. La misma puede ser una computadora de escritorio, una computadora portátil, el teléfono celular o un iPad."

¿Tienes algunos ejemplos en mente de matrimonios católicos y de familias que hayan sido destrozadas por la adicción a la pornografía?

"No tengo casos específicos para mencionar, pero esposas que han perdido sus maridos por la pornografía nos contactan en Moralidad en los Medios todos los días."

¿Cuáles son los pasos concretos que los hombres católicos de todas las edades pueden tomar para evitar la pornografía? ¿Recomendarías la 'Teología del Cuerpo' del Papa San Juan Pablo II como la enseñanza católica clave para ayudar a los hombres a entender los preciosos regalos que Dios nos ha dado con nuestros cuerpos, la relación amorosa con nuestras esposas y el Sacramento del Matrimonio?

"Por supuesto que recomendaría el trabajo crítico del Papa San Juan Pablo II pero en realidad la mayoría de los hombres no lo leerán. Los hombres necesitan entender *qué les hace la pornografía a ellos,* porque desafortunadamente, la verdad es que la mayoría no se motivará por lo que la pornografía le hace a otros, como las esposas o novias, sino más bien por lo que les hace a ellos. Necesitan entender que la pornografía altera profundamente la función del cerebro de manera muy similar a la manera en que la cocaína lo hace. Muchos evitan las drogas ilícitas porque no quieren sufrir una adicción, pero pocos saben que la pornografía causa una adicción que difiere muy poco a la de las drogas, y que es igual de debilitante que aquella causada por la cocaína. En realidad, muchos especialistas clínicos nos dirán que la adicción a la pornografía es más difícil de superar porque uno no puede desintoxicarse como con la cocaína o el alcohol—el material se guarda *justo en el cerebro,* por tanto, se lo puede recordar fácilmente. Asimismo, nuestra sociedad sexualizada presenta muchos 'detonantes' para recordar la pornografía que se ha visto. Debido a que el material está almacenado en el cerebro, uno no necesita ir a comprar pornografía para recaer y en ese sentido es diferente que, por ejemplo, la adicción a la cocaína.

"Yo también recomiendo las confesiones frecuentes (semanales) y la Comunión diaria, si es posible. No podemos pasar por alto la gran ayuda espiritual, los ríos de gracia, que nos ofrece la fe católica para sobrellevar el pecado."

Si un hombre católico está leyendo esta entrevista y se da cuenta de que ha caído en la adicción a la pornografía, o que está yendo por ese camino, ¿cuál sería tu consejo acerca de cómo liberarse? ¿Dónde puede buscar ayuda inmediata?

"La confesión frecuente y la comunión, buscar un terapista profesional experimentado que trabaje con individuos adictos a la pornografía, software para bloquear y filtrar, software para monitorear, y un buen amigo que trabaje con él para ayudarle a deshacerse de su colección de pornografía."

NOTA DEL AUTOR: INFORMACION Y RECURSOS ADICIONALES

- El *Catecismo de la Iglesia Católica* dice, "La pornografía . . . ofende la castidad porque desnaturaliza la finalidad del acto sexual. Atenta gravemente a la dignidad de quienes se dedican a ella (actores, comerciantes, público), pues cada uno viene a ser para otro objeto de un placer rudimentario y de una ganancia ilícita" (Catecismo No. 2354).

- El Sitio Web de Moralidad en los Medios de Comunicación (MMC) es www.moralitymedia.org. La misma organización también tiene otro sitio web—www.pornharms.com—que ofrece investigación seria y académica acerca de los daños de la pornografía y los recursos para proteger a los hombres y sus familias de este daño.

- El Servicio de Información Católica de Los Caballeros de Colón facilita en forma de folletos lo siguiente: *Bienaventurados son los puros de corazón: Carta pastoral acerca de la dignidad de la persona humana y el peligro de la pornografía*. [http://www.kofc.org/un/en/resources/cis/cis323.pdf] (2007) del Obispo Robert W. Finn de Kansas City—St. Joseph, Missouri. Para pedir un folleto, visite www.kofc.org/cis

- El libro de la editorial *Emmaus Road Publishing* (www.emmausroad.org): *Integrity restored: Helping Catholics win the battle against pornography* [*Integridad restaurada: Ayudando a los católicos a ganar la batalla contra la pornografía*], del Peter Kleponis, Ph.D.

APÉNDICE DOS

¿Has sido llamado?

ENTREVISTA CON EL PADRE KYLE SCHNIPPEL, DIRECTOR DE VOCACIONES DE LA ARQUIDIÓCESIS DE CINCINNATI

El Padre Kyle Schnippel nació y fue criado en una familia católica en el pequeño pueblo de Botkins, Ohio. Luego de un año en la Universidad de Ohio State, entró a la formación del seminario para la Arquidiócesis de Cincinnati donde fue ordenado en el 2004. Luego de dos años como profesor en un colegio católico de la localidad, fue nombrado Director de Vocaciones, donde ha supervisado el aumento en el número de hombres que están estudiando para el sacerdocio, de veintisiete a cuarenta y cinco en este último año.

Padre Kyle, con base en su experiencia personal y en lo que usted ha observado como Director de Vocaciones para la Arquidiócesis de Cincinnati, ¿cómo sabe un hombre católico si ha sido llamado al diaconado, al sacerdocio o a la vida religiosa?

"El reto es que rara vez hay un modo sencillo de saber si uno tiene este llamado. Un eslogan que hemos usado en la oficina de vocaciones aquí en la Arquidiócesis de Cincinnati refleja esto: 'Rara vez hay trompetas o visiones a media noche.' Muchos jóvenes con los que hablo respecto a la posibilidad del sacerdocio desean recibir ese llamado con toque de clarín de parte de Dios: '¡Oye tú, Peter! ¡Tú estás siendo llamado al sacerdocio!'

"Más bien pienso que lo que tiende a pasar mucho más a menudo es que hay un reconocimiento lento del deseo de vivir la vida de una nueva manera, de acogerse a la vida de sacrificio y el llamado que el Señor está proponiendo a ese hombre. Hay una persistencia en el llamado, de tal modo que cuando un hombre está rezando, o en la Misa, sus pensamientos empiezan a volcarse a cómo sería la vida siendo sacerdote o diácono. Por ejemplo, se imagina como sería su homilía para ese día en particular.

"Pero al final, creo que para la mayoría de los hombres con los que trabajo (y yo trabajo mayormente con hombres que entran al seminario para el sacerdocio, muy rara vez trabajo con hombres que están siendo formados para el diaconado permanente) hay un creciente descontento con las cosas de este mundo y un deseo de meterse aún más profundamente en el pozo de la Misericordia del Señor como sacerdote."

¿Usted cree que los hombres católicos en el mundo de hoy pasan suficiente tiempo en discernimiento y oración para ver si tienen el llamado a una de estas vocaciones? ¿Por qué sí o por qué no?

"Puedo contestar con firmeza que no. Nosotros (¡y me cuento en este bando!) estamos tan absorbidos por el ritmo frenético de la vida moderna, que el parar y pasar algún tiempo orando puede ser muy difícil, porque la oración requiere disciplina y paciencia; ¡dos cosas que son escasas hoy en día! También debido a la 'cultura de la gratificación inmediata' de nuestra sociedad, alimentada por esa adrenalina de la interacción en las redes sociales como Facebook y Twitter, tendemos a perder de vista la visión más amplia de hacia dónde Dios nos dirige en este mundo.

"El consejo que yo doy a menudo a los padres de familia, especialmente a padres con hijos pequeños, puede ser de mucha ayuda. Los invito a rezar por sus hijos (¡como si no lo hicieran ya!), pero específicamente por dos cosas: ¿Cuál es la combinación única de dones y talentos que Dios ha dado a cada uno de sus niños? Por lo tanto, ¿cómo los está invitando Dios a ustedes, como mamá o papá, a alimentar y enriquecer esos regalos?

"Esta puede ser una experiencia de oración maravillosa que se puede volver a revisar a lo largo del año, como en los cumpleaños, el Día de Acción de Gracias, Navidad, Pascua, aniversarios, etc. Esta también podría ser una experiencia maravillosa de oración para alguien que está discerniendo, a medida que va reconociendo esos dones que Dios le ha dado y busca compartirlos en el modo más apropiado."

¿Qué podemos hacer para promover y alentar más vocaciones religiosas entre nuestros hombres católicos?

"En primer lugar, en las familias es importante ser respetuoso con los sacerdotes y religiosos que están dentro de su ámbito. Eso no quiere decir que no se puede criticar, pero hacerlo de una manera que respete su cargo. Yo creo que el demostrar estima hacia un sacerdote también es una gran manera de alentar las vocaciones, lo cual puede ser tan sencillo como asegurarse que se celebre el aniversario de su ordenación o su cumpleaños. También, si usted sabe que él no tiene familiares cerca de donde vive, invitarlo a una comida de vez en cuando, o 'echarle un ojo' durante las vacaciones, puede ser una manera magnífica para que el interactúe con su familia. Recientemente, un feligrés dejó unas galletas en la puerta de nuestra rectoría. Hacer que los niños ayuden a hacer cosas como esta es una manera maravillosa para estimular su imaginación.

"Muchas parroquias en mi área tienen un cáliz peregrino o una estatua de alguna clase que se pueda dar a diferentes familias cada semana para llevarse a casa después de Misa para rezar a lo largo de la semana. Puede ser una manera maravillosa de crear consciencia en la parroquia que las vocaciones al sacerdocio y la vida religiosa vienen de familias iguales que las suyas, y no sólo de familias 'súper católicas' de las que todos oímos, pero que nunca hemos conocido en realidad.

"Para hombres mayores, digamos que se han graduado de la secundaria o la universidad, no tengan temor de mencionar la posibilidad de una vocación al sacerdocio a ese hombre que ven en la parroquia todo el tiempo. Ustedes pueden ciertamente rezar para que él esté abierto para ir hacia donde le está verdaderamente guiando Dios."

¿Cuál es su historia favorita de un hombre que haya sido llamado a la vocación religiosa y la haya seguido?

"Es difícil resumirlo en una sola historia cuando pienso en todos los hombres con los que he trabajado durante los ocho años en la oficina de vocaciones, y cómo cada una de las historias es verdaderamente única. Hay algunas historias que sobresalen para mí.

"Una parroquia local tenía un excelente encargado del programa para jóvenes que estaba haciendo un buen trabajo y tenía un programa grande y muy dinámico. Sin embargo, yo siempre tenía la impresión que algo más estaba pasando. Él había estado en nuestro radar desde que estaba en secundaria y nunca quiso que lo cambiaran, así que sabía que había algo con él. A través de un pequeño empujón del Espíritu Santo, supongo, lo llamé, sólo para alentarlo a que empezara a recibir dirección espiritual de uno de los sacerdotes en el seminario, el cuál, afortunadamente, estaba a sólo unas cuadras de su parroquia. Lo dejé en 'nos volveremos a hablar dentro de un par de meses.' Y bueno, pasó el tiempo y lo llamé unos cuantos meses después y su respuesta fue: '¡Bien! ¡Iré al seminario!' Lo van a ordenar, Dios mediante, de aquí a dos años. ¡Uno nunca sabe cuándo una simple sugerencia pueda dar resultados tan grandes!

"Durante mi primer año en la oficina de vocaciones, otro joven no asistió a las tres primeras citas conmigo antes de que pudiéramos ponernos en contacto. Yo esperaba a que una media hora pasara después de la hora en la que habíamos acordado en reunirnos, quizás recibía una llamada o un mensaje diciendo que él no podía llegar, pero siempre le hacía otra cita. Cuando por fin llegó a una cita, se disculpó muchísimo y hablamos larguísimo esa primera noche. Será ordenado como sacerdote éste mes de mayo. ¡La perseverancia rinde frutos!

"El tema común para todos aquellos con los que he trabajado, y lo que yo promocionó más, es el de simplemente estar abierto al Espíritu y comprometerse en el proceso. Como a mi arzobispo le gusta tanto decir, 'Al Señor nunca se le superará en generosidad,' y continúa probando ser cierto."

Si usted pudiera dirigirse a un grupo de hombres católicos, desde adolescentes a abuelos, ¿qué consejo práctico compartiría con ellos acerca de mantenerse comprometidos con la Iglesia y al discernimiento de sus vocaciones?

"Hay algunos aspectos que quisiera tocar:

- Las vocaciones son verdadera y apropiadamente discernidas en el contexto de la Iglesia, así es que mantente en estrecha comunión con ella y ella te llevará al lugar dónde serás más feliz.
- ¡Uno nunca puede orar lo suficiente! Y los frutos de la oración pueden ser duraderos tanto para el individuo como para la dinámica de la parroquia. Mi parroquia local es relativamente pequeña, más o menos trescientas familias registradas en un pueblo pequeño de unos mil habitantes en total, de los cuales aproximadamente la mitad son católicos. Cuando yo estaba en las etapas más avanzadas de la escuela primaria y yendo hacia la secundaria, la parroquia empezó con la Adoración Eucarística, seis días por semana, veinticuatro horas al día. La Adoración empieza luego de la última Misa el domingo y continúa hasta el viernes en la noche. Desde entonces, cinco hombres de esa parroquia han entrado al seminario. Dos de nosotros estamos ahora ordenados, dos entraron al seminario pero se salieron y uno está actualmente aún en el seminario. La adoración y el tiempo delante de Cristo en la Eucaristía paga dividendos de muchas maneras.
- Una palabra final de aliento: Hay algo muy poderoso cuando los hombres se juntan para orar, y en particular cuando los padres son modelos de oración para sus hijos. Esto puede poner a sus hijos rumbo a una búsqueda de toda la vida de las cosas del reino, y les da a sus hijos una gran libertad para buscar la posibilidad del sacerdocio,

porque pueden estar seguros de que contarán con la bendición de su padre. Piensen en lo importante que fue para Jacob recibir la bendición de Isaac. ¿Somos nosotros tan diferentes?"

APÉNDICE TRES

Recursos Útiles para el Hombre Católico

SITIOS WEB DE AYUDA

- *Revista electrónica La Vida Católica Integral*
  www.integratedcatholiclife.org
- *Padres por el Bien*
  www.fathersforgood.org
- Caballeros de Colón
  www.kofc.org
- Padres Católicos
  www.catholicdadsonline.org
- Hermandad Nacional de Hombres Católicos
  www.nfcmusa.org

- Los Hombres del Rey

  www.thekingsmen.org
- Guardianes de la Alianza de San José

  www.dads.org
- Cruzando la Meta

  www.crossingthegoal.com
- Conferencia Episcopal de Obispos Católicos de los EE.UU.

  www.usccb.org
- Sacerdotes Por la Vida

  www.priestsforlife.org
- La Santa Sede—El Vaticano

  www.vatican.va

RECURSOS EN LÍNEA PARA EL APRENDIZAJE

- La Biblia Católica

  www.usccb.org/bible/
- La Enciclopedia Católica

  www.newadvent.com
- El Catecismo de la Iglesia Católica

  www.vatican.va/archive/ccc/index.htm
- Lecturas Bíblicas Diarias

  www.usccb.org/bible/readings/012214.cfm
- La Nueva Evangelización

  www.newevangelizers.com

- El Santo del Día

    www.americancatholic.org/features/saintofday

- *The National Catholic Register*

    www.ncregister.com

- EWTN

    www.ewtn.com

- Católicos Unidos por la Fe

    www.cuf.org

- Respuestas Católicas

    www.catholic.com

- *Crossroads Initiative*:

    www.crossroadsinitiative.com

AYUDA CON LA ADICCIÓN A LA PORNORAFÍA

- La Pornografía daña

    www.pornharms.org

- *Bienaventurados los puros de corazón: Carta pastoral acerca de la dignidad de la persona humana y los peligros de la pornografía* (2007) por el Obispo Robert W. Finn de Kansas City-St. Joseph, Missouri. Para pedir el folleto, visitar

    www.kofc.org/cis.

- El Libro de la Editorial Emmaus Road (emmausroad.org): *Integridad Restaurada: Ayudando a los Católicos a Ganar la Batalla contra la Pornografía,* por el Peter Kleponis, Ph.D.

ORACIÓN Y ESPIRITUALIDAD

- El Examen Diario Católico

    www.ignatianspirituality.com/ignatian-prayer/the-examen/

- Los Hombres Reales Rezan el Rosario

    www.rmptr.org

- Oraciones de Iglesia y Devociones

    www.ewtn.com

- Dirección Espiritual Católica

    www.rcspiritualdirection.com

DOCUMENTOS PAPALES Y DE LA IGLESIA RECOMENDADOS

- *Christifideles laici*: papa San Juan Pablo II
- *Familiaris consortio*: papa San Juan Pablo II
- *Centisimus annus*: papa San Juan Pablo II
- *Fides et ratio*: papa San Juan Pablo II
- *Laborem exercens*: papa San Juan Pablo II
- *Caritas in veritate*: papa Emérito Benedicto XVI
- *Evangelii gaudium:* papa Francisco
- *Lumen fidei:* papa Francisco
- *Humanae vitae:* papa Pablo VI
- Constitución Pastoral acerca de la Iglesia en el Mundo Moderno (*Gaudium et spes*): Concilio Vaticano Segundo

- *Un Marco Católico para la Vida Económica:* Una declaración de los Obispos Católicos de EEUU **
- *Cómo Enseñamos la Nueva Evangelización* **

* Todos los documentos Papales y de la Iglesia se pueden encontrar en www.vatican.va
** Estos documentos se pueden encontrar en www.usccb.org

LIBROS RECOMENDADOS

- *El Maletín Católico: Herramientas para integrar la fe y el trabajo* de Randy Hain
- *Un Hombre de Dios: Una Guía para los Hombres* (Libro Electrónico) del Padre Roger Landry
- *¡Sea un Hombre!* del Padre Larry Richards
- *De niños a hombres* de Tim Gray y Curtis Martin
- *De hombre a hombre, padre a padre: La fe Católica y el Ser Padre,* editado por Brian Caulfield
- *Gracia Increíble para Padres* de Jeff Cavins, Matthew Pinto, Mark Armstrong, y Patti Armstrong
- *Amor y Responsabilidad* del Papa San Juan Pablo II
- *Una relación personal con Jesús* del Padre Bill McCarthy, MSA